Obra Completa de C.G. Jung
Volume 10/1

Presente e futuro

**Comissão responsável pela organização do lançamento da Obra Completa de C.G. Jung em português:**
Dr. Léon Bonaventure
Dr. Leonardo Boff
Dora Mariana Ribeiro Ferreira da Silva
Dra. Jette Bonaventure

*A comissão responsável pela tradução da Obra Completa de C.G. Jung sente-se honrada em expressar seu agradecimento à Fundação Pro Helvetia, de Zurique, pelo apoio recebido.*

**Dados Internacionais de Catalogação na Publicação (CIP)
(Câmara Brasileira do Livro, SP, Brasil)**

| |
|---|
| Jung, Carl Gustav, 1875-1961.<br>    Presente e futuro / C.G. Jung; tradução de Márcia Sá Cavalcante. – 8. ed. – Petrópolis, RJ : Vozes, 2013.<br>    Título original: Zivilisation im Übergang<br><br>    20ª reimpressão, 2024.<br><br>    ISBN 978-85-326-0639-6<br>    1. Civilização moderna 2. Civilização moderna – Século XX 3. Psicanálise I. Título |
| 07-8901                                                     CDD-150.1954 |

Índices para catálogo sistemático:
1. Psicologia analítica: Junguiana     150.1954

C.G. Jung

Presente e futuro

10/1

EDITORA VOZES

Petrópolis

© 1974, Walter-Verlag, AG, Olten

Tradução do original em alemão intitulado
*Zivilisation im Übergang* (Band 10)
*Gegenwart und Zukunft*

*Editores da edição suíça:*
Marianne Niehus-Jung
Dra. Lena Hurwitz-Eisner
Dr. Med. Franz Riklin
Lilly Jung-Merker
Dra. Fil. Elisabeth Rüf

Direitos exclusivos de publicação em língua portuguesa:
1988, Editora Vozes Ltda.
Rua Frei Luís, 100
25689-900 Petrópolis, RJ
www.vozes.com.br
Brasil

Todos os direitos reservados. Nenhuma parte desta obra poderá ser reproduzida ou transmitida por qualquer forma e/ou quaisquer meios (eletrônico ou mecânico, incluindo fotocópia e gravação) ou arquivada em qualquer sistema ou banco de dados sem permissão escrita da editora.

CONSELHO EDITORIAL

**Diretor**
Volney J. Berkenbrock

**Editores**
Aline dos Santos Carneiro
Edrian Josué Pasini
Marilac Loraine Oleniki
Welder Lancieri Marchini

**Conselheiros**
Elói Dionísio Piva
Francisco Morás
Gilberto Gonçalves Garcia
Ludovico Garmus
Teobaldo Heidemann

**Secretário executivo**
Leonardo A.R.T. dos Santos

PRODUÇÃO EDITORIAL

Aline L.R. de Barros
Marcelo Telles
Mirela de Oliveira
Otaviano M. Cunha
Rafael de Oliveira
Samuel Rezende
Vanessa Luz
Verônica M. Guedes

**Conselho de projetos editoriais**
Isabelle Theodora R.S. Martins
Luísa Ramos M. Lorenzi
Natália França
Priscilla A.F. Alves

*Tradução*: Márcia Sá Cavalcante
*Revisão gráfica*: Dra. Jette Bonaventure

*Diagramação*: AG.SR Desenv. Gráfico
*Capa*: 2 estúdio gráfico

ISBN 978-85-326-2424-6 (Obra Completa de C.G. Jung)

ISBN 978-85-326-0639-6 (Brasil)
ISBN 3-530-40711-9 (Suíça)

Este livro foi composto e impresso pela Editora Vozes Ltda.

# Sumário

*Prefácio dos editores*, 7

XIV. Presente e futuro, 11

  1. A ameaça que pesa sobre o indivíduo na sociedade moderna, 11

  2. A religião como contrapeso à massificação, 19

  3. O posicionamento do Ocidente diante da questão da religião, 25

  4. A autocompreensão do indivíduo, 31

  5. Cosmovisão e modo de observação psicológico, 46

  6. O autoconhecimento, 55

  7. O sentido do autoconhecimento, 64

*Índice onomástico*, 69

*Índice analítico*, 71

# Prefácio dos editores

Em 1918, C.G. Jung publicou um artigo intitulado "Über das Unbewusste" (Sobre o inconsciente) que dá o tom fundamental desse volume. Nele expõe a teoria convincente de que o conflito na Europa, naquela época, considerado apenas do ponto de vista materialista, era, no fundo, uma crise psicológica que tinha sua origem no inconsciente coletivo dos indivíduos, influenciado grupos e nações. A seguir, escreveu uma série de ensaios sobre a conjuntura da época e principalmente sobre a relação do indivíduo com a sociedade.

Os oito primeiros ensaios deste volume surgiram nos anos entre as duas guerras mundiais e desenvolvem os temas abordados no ensaio de abertura; tratam da descoberta dos pressupostos inconscientes e da importância do autoconhecimento que torna o indivíduo capaz de afirmar-se diante das pressões sociais. Também são tratadas questões específicas da relação entre os sexos e de fatores étnicos sobre o desenvolvimento de teorias psicológicas. Seguem quatro títulos que foram reunidos, há tempo, numa brochura *Ensaios sobre história contemporânea* (1946). Neles Jung mostra que os sonhos e fantasias de pacientes individuais podem refletir, tanto quanto as revoluções sociais e políticas, que ele qualifica de epidemias psíquicas, as tendências na vida inconsciente das nações. Num ensaio, publicado pela primeira vez em 1936, Wotan é apresentado como figura arquetípica que simboliza as forças instintivas inconscientes, atuantes na Alemanha e que encontraram sua expressão no movimento nacional-socialista.

Os psicodinamismos que Jung derivou do comportamento de indivíduos e de grupos – mais facilmente observáveis na Alemanha – puderam ser constatados em âmbito bem maior, conforme expõe em dois escritos sumamente importantes e publicados no últimos anos de sua vida. *Presente e futuro* (1957) retoma o relacionamento do indivíduo com a sociedade maior e no livro *Um mito moderno: sobre coisas vistas no céu* (1958) estuda Jung o surgimento de um mito que considera uma compensação da tendência cientificista de nossa era tecnológica. Uma vez que considera a crise na civilização como sendo moral, suas concepções de bem e mal e da função psicológica da consciência (capítulos XVI e XVII) são absolutamente necessárias e importantes ao tema.

As recensões e curtos artigos (XIX-XXIV) contêm as reações espontâneas e pessoais de Jung aos pronunciamentos de seu contemporâneo Conde Hermann Keyserling sobre problemas de nacionalidade e suas impressões ao visitar os Estados Unidos e a Índia. Finalmente em "Diversos" (XXV) há documentos dos anos em que Jung era presidente da Sociedade Médica Internacional de Psicoterapia e editor de seu órgão *Zentralblatt für Psychotherapie*. Sua natureza dinâmica e os sentimentos de dever para com a sociedade e seus colegas levaram-no a aceitar este encargo como plataforma privilegiada de onde pudesse combater, com todas as suas forças e condições, a ameaça que representava para a psicoterapia na Alemanha a dominação nazista. Devido a seu modo de proceder foi alvo, injustamente, do fogo cruzado de uma crítica tendenciosa e mal informada. Neste volume, apresentam-se pela primeira vez os objetivos que perseguia incansavelmente e os documentos correspondentes.

Agradecemos a Magda Kerényi pela elaboração do Índice analítico de pessoas e assuntos desse tão abrangente e diversificado volume, e por todo o esforço e cuidado nele investidos.

Dezembro de 1973

*Os editores*

*P.S.*

Como não existem os manuscritos originais – talvez se tenham perdido ou foram escritos em inglês por C.G. Jung – uma série de ensaios (XII, XXII, XXIII, XXIV e a saudação ao Décimo Congresso Médico em Oxford) teve que ser vertida para o alemão. O ditado diz que o "tradutor é um traidor". Realmente, em certas passagens foi difícil interpretar o texto. Isto é ainda mais delicado em nosso caso,

Presente e futuro

porque a problemática que o autor diagnosticou e interpretou psicoterapicamente desde a Primeira Guerra Mundial não foi superada nas décadas seguintes e muito menos nos anos mais recentes; alastrou-se extraordinariamente e tornou-se mais aguda. Que leitor estaria hoje em condições de tomar uma posição neutra e imparcial diante de palavras como "negro, judeu, primitivo" ou de conceitos como "raça, cor, coletividade, Estado, sociedade", isto é, sem permitir que intervenham suas emoções? A psicologia sabe muito bem que essas reações incontroláveis e hiperalérgicas são sintomas daquilo que C.G. Jung, no início de sua carreira psiquiátrica e no contexto de seus estudos sobre associações de palavras, chamou de "complexos de cunho sentimental". Sabe-se que os complexos são, em primeiro lugar, centros de energia psíquica altamente concentrada. Oriundos do inconsciente, levam o indivíduo e a sociedade àquelas neuroses e psicoses de que sofremos tanto hoje quanto na época em que surgiu o artigo que consta deste volume.

Como que "dançando sobre ovos em torno de melindres de alta tensão" e tentando uma reconstituição claudicante de passagens ambivalentes do texto "original" inglês, por meio de transcrições atenuadas ou até mesmo aguadas na versão alemã, pode parecer que nada se conseguiu, mas teríamos perdido uma chance de nos tornarmos mais conscientes pessoalmente e mais corresponsáveis como contemporâneos. Quem *quiser* entender ou interpretar erroneamente Jung em sua mentalidade, temperamento e em sua função como médico da psique não será impedido de fazê-lo por causa da "precaução" dos editores. Mas recomendamos ao leitor sem preconceitos, interessado numa compreensão mais profunda das correntes básicas de nossa época, de suas fontes e direções, como leitura complementar aos textos sobre a questão alemã e dos judeus, as cartas do autor dos anos correspondentes (volumes 2 a 3, abrangendo os anos de 1906 até 1961, publicados pela Wlater-Verlag, Olten 1972-1973).

# XIV

## Presente e futuro[*]

### 1. A ameaça que pesa sobre o indivíduo na sociedade moderna

O que nos reserva o futuro? Embora nem sempre com a mesma    488
intensidade, esta pergunta preocupou a humanidade em todos os
tempos. Historicamente, é sobretudo em épocas profundamente
marcadas por dificuldades físicas, políticas, econômicas e espirituais
que o ser humano volta seus olhos angustiados para o futuro e se
multiplicam então as antecipações, utopias e visões apocalípticas.
Lembremos, por exemplo, a época de Augusto, no início da era cristã,
com suas expectativas milenaristas, ou as transformações sofridas pelo
espírito ocidental ao final do primeiro milênio d.C. Às vésperas do ano
2000, vivemos hoje um tempo dilacerado pelas imagens apocalípticas
de uma destruição planetária. O que significa o corte que divide a humanidade em dois lados e se exprime como uma "cortina de ferro"? O
que poderá suceder a nossa cultura e a nossa própria humanidade se as
bombas de hidrogênio vierem a ser detonadas, ou se as trevas do ab-
solutismo de Estado chegarem a recobrir toda a Europa?

Não temos qualquer razão que nos permita considerar com su-    489
perficialidade esta ameaça. Por toda parte do mundo ocidental, já
existem minorias subversivas e incendiárias prontas para entrar em
ação, que gozam da proteção de nossa humanidade e de nossa consciência jurídica. Face à disseminação de suas ideias, nada podemos

---

[*] Publicado pela primeira vez in: *Schweizer Monatshefte* XXXVI/2 (Zurique, março
de 1957) como suplemento especial. Reeditado por Rascher, em brochura, Zurique
1957, 1958 e 1964.

contrapor a não ser a razão crítica de uma certa camada da população, espiritualmente estável e consciente. Todavia, não se deve superestimar a força desta camada. Ela varia imensamente de um país para outro, dependendo, em cada região, da educação e formação próprias de seu povo e também dos efeitos provocados pelos fatores de destruição de natureza política e econômica. Baseados em plebiscitos, podemos estabelecer a estimativa otimista de que essa camada corresponde, no máximo, a 60% dos eleitores. Contudo, isso nao desfaz uma visão mais pessimista, se considerarmos que o dom da razão e da reflexão crítica não constitui uma propriedade incondicional do homem. Mesmo onde existe, ele se mostra, muitas vezes, instável e oscilante, sobretudo quando os grupos políticos adquirem uma vasta penetração. Se o Estado de direito sucumbe, por exemplo, a um acesso de fraqueza, a massa pode esmagar a compreensão e reflexão ainda presentes em indivíduos isolados, levando fatalmente a uma tirania autoritária e doutrinária.

490     Uma argumentação racional é apenas possível e profícua quando as emoções provocadas por alguma situação não ultrapassam determinado ponto crítico. Pois quando a temperatura afetiva se eleva para além desse nível, a razão perde sua possibilidade efetiva, surgindo em seu lugar *slogans* e desejos quiméricos, isto é, uma espécie de possessão coletiva que, progressivamente, conduz a uma epidemia psíquica. Nestas condições, prevalecem todos os elementos da população que levam uma existência antissocial, tolerada pela ordem da razão. Esse tipo de indivíduo não é simplesmente uma curiosidade apenas vista nas prisões e nos hospícios. Em minha opinião, para cada caso manifesto de doença mental existem ao menos dez casos latentes que nem sempre chegam a se manifestar, mas cujas condutas e concepções encontram-se sob a influência de fatores inconscientes doentios e perversos, apesar de toda a aparência de normalidade. Evidentemente não podemos dispor de nenhuma estatística médica a respeito da frequência das psicoses latentes. Mas mesmo que o seu número fosse inferior a um décimo dos casos manifestos de doença mental e criminalidade, sua incidência relativamente baixa ainda significaria muito, em vista da alta periculosidade que esses elementos representam. O seu estado mental corresponde a um grupo da população que se acha coletivamente exaltado por preconceitos afetivos e

fantasias de desejo impulsivas. Nessa espécie de ambiente, eles se sentem totalmente ajustados e em casa. Eles conhecem, por experiência própria, a linguagem desses estados e sabem lidar com eles. Suas quimeras, baseadas em ressentimentos fanáticos, fazem apelo para a irracionalidade coletiva, encontrando aí um solo frutífero, na medida em que exprimem certos motivos e ressentimentos também presentes nas pessoas normais, embora adormecidos sob o manto da razão e da compreensão. Esses indivíduos, apesar de constituírem um número pequeno em relação ao conjunto da população, representam um grande perigo, pois são fontes infecciosas sobretudo em razão do conhecimento muito limitado que as pessoas, ditas normais, possuem de si mesmas.

Normalmente confundimos "autoconhecimento" com o conhecimento da personalidade consciente do eu. Aquele que tem alguma consciência do eu acredita, obviamente, conhecer a si mesmo. O eu, no entanto, só conhece os seus próprios conteúdos, desconhecendo o inconsciente e seus respectivos conteúdos. O homem mede seu autoconhecimento através daquilo que o meio social sabe normalmente a seu respeito e não a partir do fato psíquico real que, na maior parte das vezes, é a ele desconhecido. Nesse sentido, a psique se comporta como o corpo em relação a sua estrutura fisiológica e anatômica, desconhecida pelo leigo. Embora o leigo viva nela e com ela, via de regra ele a desconhece. Tem então que recorrer a conhecimentos científicos específicos para tomar consciência, ao menos, do que é possível saber, desconsiderando o que ainda não se sabe, e que também existe. 491

O que comumente chamamos de "autoconhecimento" é, portanto, um conhecimento muito restrito na maior parte das vezes, dependente de fatores sociais – daquilo que acontece na psique humana. Por isso, ele muitas vezes tropeça no preconceito de que tal fato não acontece "conosco", "com a nossa família", ou em nosso meio mais ou menos imediato. Por outro lado, a pessoa se defronta com pretensões ilusórias sobre suposta presença de qualidades que apenas servem para encobrir os verdadeiros fatos. 492

O campo amplo e vasto do inconsciente, não alcançado pela crítica e pelo controle da consciência, acha-se aberto e desprotegido para receber todas as influências e infecções psíquicas possíveis. Como sempre acontece quando nos vemos numa situação de perigo, 493 nós só podemos nos proteger das contaminações psíquicas quando ficamos sabendo o que nos está atacando, como, onde e quando isso se dá. Uma teoria, porém, que se limitasse estritamente a essa perspectiva seria de pouca valia para o autoconhecimento, já que este trata do conhecimento de fatos *individuais*. Quanto mais uma teoria pretende validade universal, menor a sua possibilidade de aplicação a uma conjuntura de fatos individuais. Toda teoria que se baseia na experiência é, necessariamente, estatística; ela estipula uma média ideal, que elimina todas as exceções, em cada extremidade da escala, em cima e embaixo, substituindo-as por um valor médio abstrato. Este valor figura na teoria como um fato fundamental e incontestável mesmo quando não ocorre sequer uma vez na realidade. As exceções numa ou noutra direção, embora reais, não constam absolutamente dos resultados finais, uma vez que se anulam reciprocamente. Ao determinar, por exemplo, o peso de cada seixo no fundo de um rio e obter um valor médio de 145g, isto muito pouco me diz da verdadeira natureza da respectiva camada de seixos. Quem, baseando-se nessa conclusão, acreditasse poder encontrar, numa primeira amostra, um seixo de 145g, certamente, sofreria uma grande decepção. Pode mesmo acontecer de não encontrar uma só pedra com esse valor, por mais que procure.

494     O método estatístico proporciona um termo médio ideal de uma conjuntura de fatos, e não o quadro de sua realidade empírica. Embora possa fornecer um aspecto incontestável da realidade, pode também falsear a verdade factual, a ponto de incorrer em graves erros. Isso acontece, de modo especial, nas teorias baseadas em estatística. Os fatos reais, porém, evidenciam-se em sua individualidade; de certo modo, pode-se dizer que o quadro real se baseia nas exceções da regra, e a realidade absoluta, por sua vez, caracteriza-se predominantemente pela *irregularidade*.

495     Em meio a essas observações, devemos lembrar que o nosso objetivo aqui é discutir as possibilidades de uma teoria capaz de constituir um fio condutor para o autoconhecimento. Não há e não pode haver autoconhecimento baseado em pressupostos teóricos, pois o objetivo desse conhecimento é um indivíduo, ou seja, uma exceção e uma irregularidade relativas. Sendo assim, não é o universal e o regular que caracterizam o indivíduo, mas o único. Ele não deve ser en-

Presente e futuro

tendido como unidade recorrente, mas como algo único e singular que, em última análise, não pode ser comparada nem mesmo conhecida. O homem pode e deve inclusive ser descrito enquanto unidade estatística porque, do contrário, nenhuma característica geral lhe poderia ser atribuída. Para esse fim, ele deve ser considerado como uma unidade comparável. Desse modo, tem início uma antropologia de validade universal e também uma psicologia segundo um quadro abstrato do homem médio que, para se constituir como tal, perde todos os seus traços singulares. Contudo, esses traços são justamente os mais importantes para a compreensão do homem. Se pretendo conhecê-lo em sua singularidade, devo abdicar de todo conhecimento científico do homem médio e renunciar a toda teoria de modo a tomar possível um questionamento novo e livre de preconceitos. Só posso empreender a tarefa da compreensão com a mente desembaraçada e livre (*vacua et libera mente*), ao passo que o conhecimento do homem requer sempre todo o saber possível sobre o homem em geral.

Quer se trate da compreensão de um ser humano ou do conhecimento de mim mesmo, devo abandonar, em ambos os casos, todos os pressupostos teóricos. E tenho consciência de, eventualmente, passar por cima do conhecimento científico. No entanto, considerando-se que o conhecimento científico goza não apenas de aceitação universal mas constitui a única autoridade para o homem moderno, a compreensão do indivíduo significa, por assim dizer, o *crimen laese maiestatis* (um crime de lesa-majestade) porque prescinde do conhecimento científico. Essa renúncia significa um grande sacrifício; de fato, a atitude científica não pode abrir mão da consciência de sua responsabilidade. Se o psicólogo em causa for um médico que não apenas pretende classificar seus pacientes segundo as categorias científicas mas também deseja compreendê-los, ficará, em certas situações, exposto a uma colisão de direitos entre duas partes opostas e excludentes: de um lado, o conhecimento e, de outro, a compreensão. Esse conflito não se resolve com uma alternativa exclusiva – "ou ou" – e sim por uma via dupla do pensamento: fazer uma coisa sem perder a outra de vista.

Observando-se que, por princípio, as vantagens do conhecimento redundam especificamente em desvantagem para a compreensão, o julgamento decorrente pode se tornar um paradoxo. Para o julgamento científico, o indivíduo constitui uma mera unidade que se repete indefinidamente e pode ser igualmente expresso por uma letra ou um número. Para a compreensão, o homem em sua singularidade consiste no único e no mais nobre objeto de sua investigação, sendo necessário o abandono de todas as leis e regras que, antes de tudo, encontram-se no coração da ciência. O médico principalmente deve ter consciência desta contradição. Por um lado, ele está equipado com as verdades estatísticas de sua formação científica e, por outro lado, ele se depara com a tarefa de cuidar de um doente que, principalmente no caso da doença mental, exige uma compreensão individual. Quanto mais esquemático o tratamento, maiores as resistências no paciente e mais comprometida a possibilidade de cura. O psicoterapeuta ver-se-á obrigado a considerar a individualidade do paciente como fato essencial, a partir do qual deverá ajustar os métodos terapêuticos. Hoje já tornou um consenso na medicina de que a tarefa do médico consiste em tratar de uma pessoa doente e não de uma doença abstrata que qualquer um poderia contrair.

498     O que acabo de discutir em relação à medicina é apenas um caso específico dentre os problemas mais gerais da educação e da formação. Uma formação em princípio científica baseia-se, essencialmente, em verdades científicas e em conhecimentos abstratos que transmitem uma cosmovisão irreal, embora racional, em que o indivíduo, como fenômeno marginal, não desempenha nenhum papel. Mas o indivíduo, como um dado irracional, é o verdadeiro portador da realidade, é o homem concreto em oposição ao homem ideal ou "normal" irreal, ao qual se referem as teses científicas. Deve-se ainda acrescentar que as ciências naturais, em particular, sempre têm a pretensão de apresentar seus resultados de pesquisa como se estes pudessem ser alcançados sem a intervenção do homem, isto é, sem a componente indispensável da psique. (Uma exceção a essa regra é o reconhecimento, na física moderna, de que o observador e o fato observado não são independentes). As ciências naturais, em oposição às "humanidades", impõem, portanto, uma imagem do mundo que exclui a psique humana real.

499     Sob a influência dos pressupostos científicos, tanto a psique como o homem individual, e na verdade qualquer acontecimento singular, sofrem um nivelamento e um processo de deformação que

Presente e futuro 17

distorce a imagem da realidade e a transforma em média ideal. Entretanto, não podemos subestimar o efeito psicológico da imagem estatística do mundo: ela reprime o fator individual em favor de unidades anônimas que se acumulam em formações de massa. Em lugar da essência singular concreta, surgem nomes de organizações e, no ápice desse processo, o conceito abstrato do Estado enquanto princípio da realidade política. É inevitável, então, que a responsabilidade moral do indivíduo seja substituída pela razão do Estado. Em lugar da diferenciação moral e espiritual do indivíduo, aparecem os serviços públicos e a elevação do padrão de vida. O sentido e a finalidade da vida individual (a única vida real!) não repousam mais sobre o desenvolvimento individual, mas sobre uma razão de Estado, imposta de fora para dentro do homem, ou seja, na objetivação de um conceito abstrato cuja tendência é colocar-se como a única instância de vida. A decisão moral e a conduta de vida são, progressivamente, retiradas do indivíduo que, encarado como unidade social, passa a ser administrado, nutrido, vestido, formado, alojado e divertido em alojamentos próprios, organizados segundo a satisfação da massa. Os administradores, por sua vez, constituem também unidades sociais, com a diferença apenas de que são os defensores especializados da doutrina do Estado. Para essa função, não são necessárias personalidades com grande capacidade de discernimento, mas somente especialistas que nada mais saibam fazer senão coisas de sua especialidade. A razão de Estado decide o que se deve ensinar e aprender.

A doutrina do Estado, aparentemente onipotente, é manipulada    500
em nome da razão de Estado pelos representantes mais altos do governo que concentram em si todo o poder. Aquele que alcança tais posições, quer pelo voto, quer pela força, não depende mais de nenhuma instância superior, visto que ele é a própria razão de Estado, podendo proceder, em meio às possibilidades apresentadas, segundo critérios pessoais. Ele poderia afirmar ao lado de Luís XIV: *L'état c'est moi* (O Estado sou eu). Sendo assim, ele é o único ou, pelo menos, um dos poucos indivíduos que poderiam fazer uso de sua individualidade, caso soubessem como não se identificar com a doutrina de Estado. É bem mais provável, porém, que os dirigentes sejam escravos de suas próprias ficções. Essa espécie de unidimensionalidade é sempre compensada por tendências inconscientes subversivas. Escra-

vidão e rebelião são duas faces inseparáveis da mesma moeda. Todo organismo é perpassado, de ponta a ponta, pela inveja do poder e pela desconfiança. Além disso, para compensar a sua caótica falta de identidade, uma massa pode gerar um "líder" que infalivelmente se torna vítima de sua consciência do eu inflada e do qual a história nos oferece inúmeros exemplos.

501    Esse tipo de desdobramento se torna possível no momento em que o indivíduo se massifica, tornando-se obsoleto. Além das aglomerações de grandes massas humanas nas quais o indivíduo, mais cedo ou mais tarde, desaparece, um dos principais fatores da massificação é o racionalismo científico. Este deita por terra os fundamentos e a dignidade da vida individual ao retirar do homem a sua individualidade, transformando-o em unidade social e num número abstrato da estatística de uma organização. Nesse contexto, o indivíduo só desempenha o papel de unidade substituível e infinitesimal. Do ponto de vista racional e exterior, não se consegue mais imaginar como se poderia atribuir alguma dignidade à vida humana individual e chega mesmo a se tornar ridículo falar de valor ou sentido do indivíduo, dada a evidência da verdade que se lhe contrapõe.

502    O indivíduo, portanto, nesse horizonte, possui uma importância mínima. É uma espécie em extinção. Quem ousar afirmar o contrário sofrerá imensos embaraços em sua argumentação. O fato de o indivíduo atribuir importância à sua própria pessoa, aos membros de sua família e aos amigos e conhecidos que compõem o seu meio somente comprova a estranha subjetividade de seu sentimento. Na verdade, o que significam esses poucos em comparação com os dez mil, cem mil ou milhões que o rodeiam? Isso me lembra a opinião de um estimado amigo que encontrei, certa vez, no meio de uma multidão de mais de dez mil pessoas. Subitamente, ele se virou e disse: "Aí está a prova mais convincente contra a crença na imortalidade: *toda esta gente* quer ser imortal!"

503    Quanto maior a multidão, mais "indigno" o indivíduo. Quando este, esmagado pela sensação de sua insignificância e impotência, vê que a vida perdeu sentido – que afinal não é a mesma coisa que bem-estar social e alto padrão de vida – encontra-se a caminho da escravidão do Estado e, sem saber nem querer, tornou-se seu prosélito. Aquele que só admite olhar a partir de uma perspectiva externa e dos

Presente e futuro                                                    19

grandes números nada possui que possa defendê-lo do testemunho de seus sentidos e de sua razão. É precisamente isso que todo mundo faz: deixar-se fascinar e subjugar pelas verdades estatísticas e pelas grandes cifras e ser, diariamente, doutrinado acerca da unidade e impotência da personalidade singular devido a sua incapacidade de representar e personificar uma organização de massa. Por outro lado, o indivíduo que entre em cena à vista de todos e faz ouvir sua voz às multidões, parece, ao ver do público sem senso crítico, sustentado por determinado movimento de massa ou pela opinião pública, que então o aceita ou combate. Como, em geral, predomina a sugestão de massa, não fica muito evidente se a sua mensagem é dele mesmo, pela qual tem responsabilidade pessoal, ou se funciona apenas como porta-voz da opinião coletiva.

Nessas circunstâncias, compreende-se que o juízo individual seja    504
cada vez mais inseguro de si mesmo e que a responsabilidade seja coletivizada ao máximo: o indivíduo renuncia a julgar, confiando o julgamento a uma corporação. Com isso, o indivíduo se torna, cada vez mais, uma função da sociedade que, por sua vez, reivindica para si a função de único portador real da vida, mesmo que, no fundo, não passe de uma ideia assim como o Estado. Ambos são hipostasiados, ou seja, tornam-se autônomos. E, desse modo, transformam-se numa personalidade quase viva, da qual tudo se pode esperar. Na verdade, o Estado representa uma camuflagem para todos os indivíduos que sabem manipulá-lo. O Estado de direito resvala para a situação de uma forma primitiva de sociedade, isto é, do comunismo das tribos primitivas sujeitas à autocracia de um chefe ou de uma oligarquia.

## 2. A religião como contrapeso à massificação

Para libertar a ficção do Estado soberano – isto é, os caprichos    505
dos chefes que o manipulam – de qualquer restrição salutar, todos os movimentos sociopolíticos que tendem nesta direção invariavelmente procuram minar as bases da religião. Para que o indivíduo se transforme em função do Estado é preciso eliminar quaisquer outras dependências e condicionamentos a dados irracionais. A religião significa dependência e submissão aos dados irracionais. Estes não estão

20 Obra Completa – Vol. 10/1

diretamente relacionados às condições físicas e sociais mas sobretudo à atitude psíquica do indivíduo.

506    No entanto, uma atitude ante as condições externas da existência só é possível se existir um ponto de vista alheio a elas. As religiões oferecem esta base ou, ao menos, tentam oferecer e, com isso, propiciam ao indivíduo a possibilidade de julgar e tomar suas decisões com liberdade. Elas significam uma reserva diante da pressão inevitável e patente das condições externas, às quais se entrega todo aquele que vive apenas para o mundo exterior e não possui, dentro de si, qualquer ponto de apoio. Para ele, a realidade estatística, quando existe, é a única autoridade. Na existência de apenas *uma* condição, e nenhuma outra, a liberdade de julgamento e decisão revela-se supérflua e mesmo impossível. O indivíduo fatalmente passa a constituir uma função estatística e, em consequência, uma função do Estado, ou qualquer outro nome que se use para exprimir o princípio abstrato de ordenamento.

507    As religiões, porém, ensinam uma outra autoridade oposta à do "mundo". A doutrina que ensina que o indivíduo depende de Deus representa uma exigência tão grande sobre ele quanto a do mundo. Pode até acontecer que o homem acate essa exigência de maneira tão absoluta a ponto de se alienar do mundo da mesma forma que o indivíduo se aliena de si mesmo quando sucumbe à mentalidade coletiva. Tanto num caso quanto no outro, o indivíduo pode perder sua capacidade de julgar e decidir-se livremente. A isto tendem, manifestamente, as religiões quando não se comprometem com o Estado. Neste caso, prefiro falar, de acordo com o uso corrente, de "confissão" e não de "religião". A confissão admite uma certa convicção coletiva, ao passo que a religião exprime uma relação subjetiva com fatores metafísicos, ou seja, extramundanos. A confissão compreende, sobretudo, um credo voltado para o mundo em geral, constituindo, assim, uma questão intramundana. Já o sentido e a finalidade da religião consistem na relação do indivíduo com Deus (cristianismo, judaísmo, islamismo) ou no caminho da redenção (budismo). Esta é a base fundamental de suas respectivas éticas que, sem a responsabilidade individual perante Deus, não passariam de moral e convenção.

508    As confissões, enquanto compromissos com a realidade mundana, evoluíram, consequentemente, para uma crescente codificação

de suas visões, doutrinas e usos. E assim se exteriorizaram de tal maneira que o elemento religioso verdadeiro nelas – a relação viva e o confronto imediato com o ponto de referência extramundano delas – foi posto, na verdade, num plano secundário. O ponto de vista confessional toma a doutrina tradicional como parâmetro para o valor e o significado da referência religiosa subjetiva. E mesmo quando isso não é tão frequente (como no caso do protestantismo), fala-se de pietismo, sectarismo, fanatismo etc., quando alguém se diz guiado pela vontade de Deus. A confissão coincide com a Igreja oficial ou, pelo menos, constitui-se como uma instituição pública, à qual pertencem não apenas os fiéis mas também um grande número de pessoas indiferentes à religião, que se integram por simples hábito. Aqui torna-se visível a diferença entre confissão e religião.

Pertencer a uma confissão, portanto, nem sempre implica uma questão de religiosidade mas, sobretudo, uma questão social que nada pode acrescentar à estruturação do indivíduo. Esta depende da relação do indivíduo com uma instância não mundana. Seu critério não é o credo, e sim o fato psicológico segundo o qual a vida do indivíduo não pode ser determinada somente pelo eu e suas opiniões ou por fatores sociais, mas igualmente por uma autoridade transcendente. O que fundamenta a autonomia e a liberdade do indivíduo, antes de qualquer máxima ética ou confissão ortodoxa, é única e exclusivamente a consciência empírica, ou seja, a experiência unívoca de uma dinâmica de relacionamento pessoal entre o homem e uma instância extramundana que se apresenta como um contrapeso ao "mundo e sua razão".

Essa afirmação não satisfaz, de modo algum, nem àquele que se sente unidade de uma massa, nem ao que professa uma crença coletiva. No primeiro caso, a razão de Estado é o princípio superior de todo pensamento e ação e todo esclarecimento deve servir aos seus propósitos. Em consequência, o indivíduo só recebe direito de existência enquanto uma função do Estado. O segundo, por sua vez, embora conceda ao Estado uma exigência moral e factual, possui a convicção de que não só o homem mas também o Estado estão sujeitos ao domínio de Deus, pertencendo incontestavelmente a Deus e não ao Estado, a instância última de decisão. Como prefiro me abster de qualquer tipo de julgamento metafísico, deixo em suspenso se o "mundo", ou seja, o mundo externo ao homem e, assim, a natureza em geral, estabelece ou não uma oposição a Deus. Faço apenas a observação de que a oposição psicológica entre esses dois campos da experiência não é atestada somente no *Novo Testamento*, sendo também visível hoje na atitude negativa dos Estados ditatoriais com relação à religião e, na própria Igreja, com relação ao ateísmo e ao materialismo.

511    Como ser social, o homem não pode permanecer desligado da sociedade por muito tempo. Por isso o indivíduo só pode encontrar o seu direito de existência e sua autonomia, tanto moral como espiritual, num princípio extramundano, capaz de relativizar a influência extremamente dominadora dos fatores externos. O indivíduo que não estiver ancorado em Deus não conseguirá opor nenhuma resistência ao poder físico e moral do mundo, apoiando-se apenas nos seus próprios meios. Para concretizar essa resistência, o homem precisa da evidência transcendente de sua experiência interior, pois esta constitui a única possibilidade de se proteger da massificação. A mera compreensão intelectual ou moral do embrutecimento e irresponsabilidade do homem massificado, enquanto constatação negativa, não passa, infelizmente, de hesitação no caminho da atomização do indivíduo. Falta-lhe a força da convicção religiosa, pois esta compreensão é apenas racional. A grande vantagem do Estado ditatorial em relação à razão do cidadão é a sua capacidade de engolir juntamente com o indivíduo as suas forças religiosas. O Estado ocupa o lugar de Deus. Nessa perspectiva, as ditaduras socialistas são religiões, e a escravidão do Estado, uma espécie de culto. Esse tipo de deslocamento e falsificação da função religiosa, na verdade, não acontece sem o surgimento de dúvidas secretas, que são imediatamente reprimidas de modo a evitar o conflito com a tendência dominante de massificação. Como fator de hipercompensação, surge então o *fanatismo* que se transforma, por sua vez, na mais poderosa alavanca da repressão e extermínio de toda oposição. A liberdade de opinião e a decisão moral são violentamente eliminadas. O fim então justifica os meios, mesmo os mais condenáveis. A razão de Estado é exaltada como um credo e o líder ou o chefe de Estado passa a semideus, para além do bem e do mal, da mesma maneira que os sectários se transformam em heróis, mártires, apóstolos ou missionários. Somente existe *uma* verdade e fora dela nenhuma outra. É inviolável e acima da crítica. Quem pensa de maneira diferente é um herege sobre o qual pairam, segundo os moldes bem conhecidos

Presente e futuro

de nossa tradição, as ameaças mais terríveis. E isso porque só aquele que tem nas mãos o poder do Estado pode legitimamente interpretar sua doutrina como bem lhe aprouver.

A partir do momento em que, no processo de massificação, o indivíduo se transforma em unidade social, em um x ou y, e o Estado em princípio superior, a função religiosa do homem, consequentemente, é arrastada por esse mesmo turbilhão. A religião, no sentido da observação cuidadosa e consideração de certos fatores invisíveis e incontroláveis, constitui um *comportamento instintivo* característico do homem, cujas manifestações podem ser observadas ao longo de toda a história da cultura. Sua finalidade explícita é preservar o equilíbrio psíquico do homem, pois ele sabe de maneira espontânea que sua função consciente pode ser perturbada, de uma hora para outra, por fatores incontroláveis, tanto de natureza exterior como interior. Dessa maneira, o homem sempre cuidou para que toda decisão grave fosse, de certo modo, sustentada por medidas religiosas. Nascem, assim, os sacrifícios para honrar as forças invisíveis, as bênçãos e demais gestos rituais. Sempre, e em toda parte, existiram "rites d'entrée et de sortie" (ritos de entrada e de saída) que, para os racionalistas distantes da psicologia, não passam de superstição e magia. No entanto, a magia é, em seu fundamento, um efeito psicológico que não deve ser subestimado. A realização de um ato "mágico" proporciona ao homem uma sensação de segurança, extremamente importante para uma tomada de decisão. Toda decisão e resolução necessitam dessa segurança, pois elas sempre pressupõem uma certa unilateralidade e exposição. O próprio ditador, para executar seus atos, não pode se valer apenas das ameaças, precisando encenar o poder com grande pompa. Nesse sentido, as marchas militares, as bandeiras, faixas, paradas e comícios não diferem muito das procissões, tiros e fogos de artifício usados para expulsar os demônios. A diferença entre essas representações religiosas e os aparatos do Estado reside no fato de que a sugestiva encenação do poder estatal cria uma sensação de segurança coletiva que, no entanto, não oferece ao indivíduo nenhum tipo de proteção contra os demônios internos. Quanto mais o indivíduo se enfraquece, mais se agarra ao poder estatal, isto é, mais se entrega espiritualmente à massa. E do mesmo modo que a Igreja, o Estado ditatorial exige entusiasmo, abnegação e amor, cultivando o necessário terror à semelhança do temor de Deus que as religiões exigem ou pressupõem.

513 Quando o racionalista investe contra o fundamento miraculoso do rito, tal como afirmado na tradição, ele, na verdade, erra completamente o alvo. Apesar de desconsiderarem o aspecto mais importante, ou seja, o efeito psicológico, tanto um quanto o outro se servem desse efeito para fins opostos. Uma situação análoga também se oferece com respeito aos seus objetivos: o objetivo religioso que, inicialmente, configura-se como a redenção do mal, a conciliação com Deus e a recompensa de um mundo transcendente, transforma-se na promessa terrestre da libertação da pobreza, da distribuição igualitária dos bens materiais, da prosperidade no futuro e da diminuição do tempo de trabalho. Uma outra analogia se apresenta no fato de essas promessas serem tão inalcançáveis quanto o paraíso. Isto reforça o fato de que as massas deixaram um objetivo extramundano para abraçarem uma crença exclusivamente terrena, exaltada exatamente com o mesmo ardor e exclusividade das confissões religiosas, embora numa outra direção.

514 Para não me repetir desnecessariamente, não pretendo descrever, ainda mais, todos os paralelos existentes entre a crença neste mundo e a crença no outro. Contento-me apenas em salientar que uma função natural e sempre presente como a função religiosa não desaparece com a crítica racionalista e iluminista. Sem dúvida, pode-se considerar impossíveis os conteúdos das doutrinas confessionais e até ridicularizá-los, mas com isso não se consegue absolutamente nada contra a função religiosa que constitui a base das confissões. A religião, no sentido de consideração consciente dos fatores irracionais da alma e do destino individual, ressurge sempre de novo e, dessa vez, na pior das distorções – o endeusamento do Estado e do ditador: *Naturam expellas furca tamen usque recurret* (Por mais que jogues fora a natureza por meio da força, ela sempre retorna). Os líderes e ditadores tentam escamotear o paralelismo evidente com o endeusamento dos césares, escondendo, sob o manto do Estado, sua onipotência real, o que não altera, de modo algum, a essência de seu gesto[1].

---

1. Desde a redação deste texto na primavera de 1956, tornou-se notória na Rússia uma sensibilidade ante tal escândalo.

Presente e futuro                                                            25

Como já mencionei anteriormente, o Estado ditatorial mina de tal       515
forma as bases do indivíduo que, não reconhecendo seus direitos e sua
força espiritual, rouba o próprio fundamento metafísico de sua existência. Não há mais lugar para a decisão ética do homem singular, apenas para a comoção cega de uma massa obnubilada, onde a mentira
passa a constituir o princípio próprio das ações políticas. A existência
de milhões de escravos do Estado, destituídos de qualquer direito, de-
monstra como o Estado leva esta situação às últimas consequências.

Tanto o Estado ditatorial quanto a religião confessional refor-        516
çam, de maneira especial, a ideia de comunidade. Este é o ideal básico do *comunismo* que, no entanto, devido à forma como é imposto
ao povo, gera justamente o contrário do efeito desejado, ou seja, um
Estado de desconfiança e separação. A *Igreja*, não menos que o Estado, também faz apelo ao ideal comunitário e quando sua fraqueza é
visível como no caso do protestantismo, a penosa falta de coesão é
compensada pela esperança e fé numa "vivência comunitária". Como se pode perceber, a "comunidade" é um instrumento indispensável para a organização das massas, constituindo, no entanto, uma
faca de dois gumes. Assim como a soma de dois zeros jamais resulta
em um, o valor de uma comunidade corresponde à média espiritual e
moral dos indivíduos nela compreendidos. Por isto, não se pode esperar da comunidade qualquer efeito que ultrapasse a sugestão do
meio, ou seja, uma modificação real e fundamental dos indivíduos,
quer numa boa ou numa má direção. Esses efeitos só podem ser espe-
rados do intercâmbio pessoal entre os homens, e não dos batismos
em massa comunistas ou cristãos que não conseguem atingir o homem em sua interioridade. Os acontecimentos contemporâneos nos
mostraram como a propaganda comunitária é superficial. O ideal comunitário desconsidera o homem singular que, em última instância,
é quem responde às suas exigências.

### 3. O posicionamento do Ocidente diante da questão da religião

No século XX da era cristã, o mundo ocidental enfrenta esse de-        517
senvolvimento, trazendo consigo a herança do direito romano, o le-
gado da ética metafísica de bases judeu-cristãs e o eterno ideal dos direitos humanos. Em meio a todos esses elementos, surge, de maneira

hesitante mas premente, a questão: como seria possível parar esse desenvolvimento ou mesmo fazê-lo regredir? Embora se possa denunciar a ditadura social como uma utopia ou julgar seus princípios econômicos irracionais, um tal julgamento, no entanto, é insignificante e até incorreto se considerarmos que, em primeiro lugar, o Ocidente só é capaz de julgar tendo por opositor a ele mesmo, o que significa que seus argumentos são ouvidos apenas do lado de cá da cortina de ferro; em segundo lugar, qualquer princípio econômico pode sempre ser utilizado, desde que se admitam os sacrifícios necessários. Todo tipo de reforma social ou econômica pode ser empreendido quando se tem três milhões de camponeses famintos ou alguns milhões que compõem uma força de trabalho grátis à disposição. Na verdade, um Estado nessas condições não precisa temer uma crise social ou econômica. Enquanto o seu poder estatal permanecer inquestionável, ou seja, for sustentado por uma polícia e exército bem disciplinados e nutridos, esse tipo de forma de governo assegurará sua existência por muito tempo, podendo inclusive se fortalecer num grau indeterminado. Ele pode, sem muita dificuldade, aumentar a quantidade da força de trabalho não remunerado em função do crescimento desenfreado de sua população e desconsiderar o mercado mundial que depende, em larga escala, do salário, mantendo-se, não obstante, na concorrência. O único perigo real que pode sofrer é uma ameaça externa, uma invasão. Todavia, esse risco vem diminuindo paulatinamente porque o potencial de guerra dos Estados ditatoriais cresce desmesuradamente e o Ocidente não poderia permitir que, através de um ataque, fossem despertados o nacionalismo e o chauvinismo latentes na Rússia e na China, o que desviaria, de maneira irremediável, para falsos caminhos sua iniciativa bem intencionada.

518 Pelo que podemos observar, resta apenas uma possibilidade: uma dissolução interna do poder estatal, que deve, no entanto, ficar entregue a sua própria evolução. Uma ajuda externa parece, ao menos por enquanto, ilusória, considerando-se as medidas de segurança existentes e o perigo de reações nacionalistas. Do ponto de vista da política externa, o Estado absoluto dispõe de um exército de missionários fanáticos. E, além disso, pode contar com uma quinta-coluna que a ordem de direito dos Estados ocidentais não é capaz de reprimir. O grande número de comunidades de seus fiéis, crescente em

muitos lugares no Ocidente, significa, nesse sentido, um enfraquecimento considerável da decisão dos Estados ocidentais. Por outro
lado, uma influência equivalente do Ocidente permanece invisível e
inconstatável, embora se possa admitir uma certa oposição nas massas populares do Leste. Sempre existem pessoas íntegras e verdadei-
ras que odeiam a mentira e a tirania. Contudo, foge inteiramente a
nossa capacidade de avaliação decidir se, sob um regime policial, elas
poderiam exercer uma influência decisiva sobre as massas[2].

Em razão desses fatos, sempre de novo surge no Ocidente a per- 519
gunta: o que podemos fazer contra essa ameaça? Apesar do considerável poder econômico e do significante potencial de defesa, o Ocidente não pode absolutamente contentar-se com a simples consciência desse estado de coisas, pois, como sabemos, os melhores arma-
mentos, as indústrias mais potentes e o elevado padrão de vida não
são suficientes para conter a infecção psíquica provocada por um fanatismo religioso. Os homens sempre estão insatisfeitos. Mesmo que
todo trabalhador possua seu próprio carro ele ainda será um proletá-
rio inferiorizado, pois outros possuirão dois carros ou um banheiro a
mais na casa.

No Ocidente, infelizmente, não se costuma atentar para o fato 520
de que nosso apelo ao idealismo e à razão, ou a quaisquer outras vir-
tudes desejáveis, desaparece no vazio, mesmo quando defendido
com entusiasmo. É como um sopro muito leve contra a torrente da fé
religiosa, apesar desta nos parecer destorcida. Não nos encontramos
aqui diante de fatos que poderiam ser dominados com argumentos
racionais ou morais. Trata-se, bem mais, do espírito de uma época
que se caracteriza pelo desencadeamento de ideias e forças emocio-
nais que, como nos mostra a experiência, não se deixam influenciar
por reflexões racionais nem por exortações morais. Muitos lugares já
adquiriram a justa compreensão de que o antídoto estaria, nesse caso,
numa outra fé, igualmente poderosa, e não numa atitude materialista, e que uma atitude religiosa, nela fundada, constituiria a única proteção efetiva contra o perigo de uma contaminação psíquica. Entre-

---

2. Como se poderia prever, essa oposição pode ser observada nos acontecimentos recentes ocorridos na Polônia e na Hungria.

tanto, o condicional ("deveria", "poderia") que jamais deixa de estar presente nesse contexto indica uma certa fraqueza ou mesmo a ausência de uma convicção necessária. O Ocidente não apenas se ressente de uma fé uniforme, capaz de obstruir o caminho para uma ideologia fanática, como chega a se servir, enquanto pai da filosofia marxista, dos mesmos pressupostos espirituais e dos mesmos argumentos e objetivos. Embora as igrejas no Ocidente gozem, em geral, de inteira liberdade, elas não estão menos cheias ou vazias do que no Leste. Contudo, elas não exercem nenhuma influência significativa sobre o universo da política. A grande desvantagem da confissão, no sentido de uma instituição pública, é justamente o fato de servir ao mesmo tempo a dois senhores. De um lado, ela nasce da relação do homem com Deus e, de outro, tem obrigações para com o Estado, isto é, o mundo, o que nos faz pensar na frase "Dai a César o que é de César, e a Deus, o que é de Deus" e nas demais exortações do Novo Testamento.

521     Nos tempos antigos, e relativamente até bem pouco tempo, falava-se de uma "autoridade constituída por Deus". Hoje, isso nos parece bastante antiquado. As Igrejas representam convicções tradicionais e coletivas que, para a grande maioria de seus adeptos, não mais se baseiam na própria experiência interior, e sim na fé irrefletida que rapidamente desaparece, tão logo se pense com mais profundidade sobre o seu sentido. O conteúdo da fé entra em conflito com o saber, evidenciando-se, desse modo, que a irracionalidade de uma nem sempre supera a razão da outra. Na realidade, a fé não é uma substituição suficiente da experiência interior e, quando esta inexiste, até mesmo uma fé forte pode, enquanto um *donum gratiae* (dom da graça), aparecer e desaparecer como por encanto. Designa-se a fé como a autêntica experiência religiosa mas não se leva em conta que ela é, mais propriamente, um fenômeno secundário que depende de um acontecimento primeiro, em que algo nos atinge e inspira a *pístis*, isto é, lealdade e confiança. Essa vivência tem um conteúdo específico que se interpreta no sentido da doutrina confessional. Quanto mais é interpretado nesse sentido, maiores as possibilidades de conflito com o saber. A concepção confessional é, na verdade, muito antiga e dotada de um simbolismo impressionante e mitológico que, literalmente, leva a uma oposição radical com o saber. Contudo, se compreendermos, por exemplo, a ressurrei-

Presente e futuro 29

ção de Cristo de maneira simbólica e não literal, obteremos interpretações diversas que não entram em choque com o saber nem prejudicam o sentido da afirmação. A objeção de que uma compreensão simbólica poderia destruir a esperança dos cristãos na imortalidade, representada pela vinda de Cristo, é infundada, uma vez que a humanidade, bem antes do cristianismo, já acreditava numa vida depois da morte e, assim, não precisava do acontecimento pascal para garantir essa esperança. O perigo do exagero de literalidade na compreensão da mitologia, que pervade toda a doutrina da Igreja, pode culminar na sua recusa absoluta. E hoje ele é maior do que nunca. Já não seria hora de se entender de modo simbólico, definitivamente, os mitologemas cristãos, ao invés de negá-los?

Ainda não se pode ver de modo preciso as consequências que poderiam advir de um conhecimento mais geral a respeito do paralelismo fatal entre a religião eclesiástica e a religião de Estado marxista. A exigência de caráter absoluto, representada pelo homem, da *civitas Dei* é, infelizmente, muito semelhante à "divindade" do Estado. A consequência moral que um Inácio de Loiola deduz da autoridade da Igreja ("o fim santifica os meios") antecipa a mentira como instrumento político do Estado, de maneira muito perigosa. Tanto um como outro propiciam, por fim, a submissão incondicional à fé, restringindo, portanto, a liberdade do homem perante Deus e diante do Estado, cavando a sepultura do indivíduo. A existência esmagada desse único portador de vida que conhecemos se vê ameaçada por todos os lados, apesar da promessa de uma existência ideal. Quantos, na verdade, poderiam opor uma resistência ativa e duradoura à sabedoria popular que afirma: "Mais vale um pássaro na mão do que dois voando"? Ademais, o Ocidente cultiva a mesma *Weltanschauung* "científica" e racionalista da religião de Estado do Leste, caracterizada pela tendência ao nivelamento estatístico e aos fins materialistas. 522

O que o Ocidente, com suas cisões políticas e confessionais, pode oferecer ao indivíduo moderno a fim de aliviar suas aflições? Infelizmente nada, a não ser alguns caminhos cuja finalidade única é muito semelhante ao ideal marxista. O entendimento não necessita de um esforço especial para reconhecer onde a ideologia comunista assenta a certeza e a convicção de que o tempo trabalha a seu favor e que o mundo se encontra maduro para uma conversão. Os fatos fa- 523 lam, nesse sentido, uma linguagem bem precisa. De nada ajudaria ao Ocidente fechar os olhos para essa realidade e se recusar a perceber sua vulnerabilidade fatal. Quem foi sempre ensinado a se submeter incondicionalmente a uma fé coletiva e a abdicar do eterno direito de sua liberdade e do respectivo dever de sua responsabilidade individual, permanecerá na mesma atitude, com a mesma fé e falta de crítica, enveredar-se para uma direção oposta ou substituir o idealismo confessado por outra convicção, mesmo considerada "melhor". O que aconteceu, há não muito tempo, com um dos povos da cultura europeia? Costuma-se acusar o povo alemão de ter esquecido tudo o que houve. Mas nada garante que algo semelhante também não pudesse ter ocorrido em outros lugares. Não seria de admirar se uma outra nação fosse contaminada por uma convicção igualmente uniforme e unilateral. Façamos então a seguinte pergunta: Que países têm os maiores partidos comunistas? Os Estados Unidos – o *quae mutatio rerum* (quem te viu e quem te vê!) – que são, propriamente, a espinha dorsal da política europeia, parecem imunes a esse perigo devido à posição tão expressamente contrária que representam. Mas talvez eles estejam ainda mais expostos a essa ameaça do que a Europa, porque a formação e educação encontram-se sob a forte influência da *Weltanschauung* científica e das verdades estatísticas e a miscigenação de raças heterogêneas encontra dificuldades na criação de raízes num solo sem história. A formação histórica e humanística, tão imprescindível nessas circunstâncias, acaba radicalizando, na América do Norte, uma existência feita de cinzas. A Europa possui os requisitos dessa formação, embora os utilize para seu próprio prejuízo, na forma de egoísmos nacionalistas e de um ceticismo paralisador. Ambos se orientam por objetivos materialistas e coletivistas, faltando-lhes justamente aquilo que exprime e dimensiona o homem em sua totalidade, aquilo que coloca o homem individual como medida de todas as coisas.

524 Estas ideias suscitam, em toda parte, fortes dúvidas e resistências e pode-se mesmo dizer que a única convicção realmente aceita de maneira ampla e irrestrita é a desvalorização do indivíduo em comparação com os grandes números. Costuma-se afirmar que, a partir de agora, o mundo moderno é o mundo do homem, ele é quem domina o ar, a água e a terra e que o destino histórico dos povos depen-

de da sua decisão e vontade. Esse retrato tão orgulhoso da grandeza humana infelizmente não passa de uma grande ilusão que rapidamente se desfaz diante de uma realidade tão diversa. Na realidade, o homem é escravo e vítima das máquinas que lhe arrancam seu tempo e espaço; a técnica de guerra, que deveria proteger e defender sua existência física, o reprime e ameaça; a liberdade espiritual e moral, embora ameaçada pela desorientação e pelo caos, está garantida dentro do possível apenas numa parte do seu mundo, enquanto que na outra já foi totalmente aniquilada. Por fim – onde a comédia termina em tragédia – o senhor dos elementos, essa instância de todas as decisões, cultiva uma série de ideias e concepções que selam de modo indigno sua dignidade e transformam sua autonomia em simples quimera. Todos os progressos, realizações e propriedades não o fazem grande, ao contrário, o diminuem. Isso é comprovado pelo destino do trabalhador no regime de distribuição "justa" dos bens: ele paga com o prejuízo de sua própria pessoa a sua participação na fábrica; troca sua liberdade de movimento pelo aprisionamento no local de trabalho; emprega todos os meios de que dispõe para melhorar seu posto, se não quiser se deixar explorar por um trabalho de empreitada esgotante; e quando sente o apelo de qualquer exigência espiritual, recebe prontas as sentenças de fé políticas e o suplemento de algum saber especializado. Ademais, um teto sobre a cabeça e a forragem diária do gado não são coisas desprezíveis quando as necessidades vitais podem ser reduzidas de um momento para outro.

## 4. A autocompreensão do indivíduo

É espantoso que o homem, causador, descobridor e veículo de tantos desenvolvimentos, autor de todos os julgamentos e decisões e planejador do futuro, tenha feito de si mesmo uma *quantité négligeable*. A contradição e o paradoxo sempre inerentes à avaliação que o homem faz de sua própria essência constituem uma questão surpreendente, que desfaz as bases do julgamento comum, na medida em que faz a constatação de que o próprio homem é um enigma. Isso fica ainda mais explícito na falta de parâmetros necessários para o autoconhecimento. Ele é capaz de estabelecer com clareza as distinções entre si e os outros animais, no que diz respeito a sua anatomia e fisiologia, mas faltam-lhe critérios para a avaliação de si mesmo enquanto essência consciente, autorreflexiva e dotada de linguagem. Pois nesse aspecto ele é um fenômeno único no planeta, não podendo se comparar a nada semelhante. A única possibilidade de comparação e de autoconhecimento seria a relação com outros seres humanos semelhantes, de carne e osso, que habitassem outros planetas.

526 Enquanto isto não é possível, a humanidade pode ser comparada a um eremita que sabe pertencer, do ponto de vista da anatomia, à família dos antropoides mas que, do ponto de vista da relação psíquica, difere imensamente de seus antepassados. Ele não possui parâmetros de reconhecimento justo no que concerne à principal característica de sua espécie, sendo e permanecendo um enigma. Na verdade, as diferenças que se possam estabelecer com alguma coisa pertencente ao âmbito da própria espécie não fornecem nada de significativo em comparação às possibilidades de conhecimento que um encontro com seres de origem diversa e estruturas semelhantes poderia oferecer. Nossa psique que, em última instância, é a grande responsável por todas as transformações históricas que a mão do homem imprimiu à fisionomia de nosso planeta é, até hoje, um enigma sem solução, um milagre surpreendente, ou seja, um objeto de perplexidade. Essa característica, contudo, é comum a todos os mistérios da natureza. Isso, porém, não diminui nossas esperanças de novas descobertas e de encontrar respostas mesmo para as questões mais difíceis, apesar da grande hesitação do conhecimento, sobretudo ao tratar das questões da psique e da psicologia. Essa hesitação se deve não apenas ao fato de a psicologia, como ciência empírica, datar de muito pouco tempo, mas também porque apresenta uma grande dificuldade em determinar seu próprio objeto.

527 Assim como foi preciso libertar nossa imagem do mundo do preconceito do geocentrismo, a psicologia necessitou de um esforço igualmente revolucionário para se desfazer dos muitos preconceitos que a envolveram. É preciso, em primeiro lugar, abandonar os vestígios das concepções mitológicas para então romper o duplo preconceito em que a psique é compreendida, de um lado, como mero epifenômeno com relação a um processo bioquímico operante no cérebro e, de outro, como uma questão estritamente pessoal. Sua conexão imediata com o cérebro não prova, de modo algum, que a psique seja

Presente e futuro

um epifenômeno ou um fenômeno secundário, ou seja, que dependa, numa relação de causa e efeito, de processos bioquímicos localizados no substrato. Sabemos de fato que a função psíquica pode ser gravemente perturbada por processos cerebrais, e essa constatação parece tão convincente que a decisão acerca da epifenomenalidade da psique se apresenta quase incontestável. No entanto, os fenômenos parapsicológicos, ao exprimirem uma relativização do tempo e do espaço através dos fatores psíquicos, advertem-nos quanto à ingenuidade e precipitação desse paralelo psicofísico. As experiências da parapsicologia são sempre refutadas em favor daquela explicação, quer por razões filosóficas, quer por inércia espiritual. Mas ao fazer isto, a explicação perde a qualidade de científica e responsável, na medida em que não passa de um subterfúgio mais cômodo diante de uma dificuldade pouco comum para o pensamento. A fim de poder julgar corretamente o fenômeno psíquico, faz-se necessário considerar justos todos os fenômenos que suscitem questões e que, por isso, não permitam o uso de uma psicologia geral que exclui a existência do inconsciente ou da parapsicologia.

A estrutura e fisiologia do cérebro não conseguem explicar o processo da consciência. A psique possui um modo próprio de constituição que não se reduz a nada semelhante. Apesar de apresentar, do mesmo modo que a fisiologia, um campo de experiência relativamente fechado em si mesmo, ela possui um sentido inteiramente próprio, na medida em que encerra em si mesma uma das condições inalienáveis do ser, qual seja, o fenômeno da consciência. Sem essa condição, não pode haver mundo, pois este só existe como tal enquanto reflexo e expressão de uma psique consciente. *A consciência é uma condição do ser.* Nesse sentido, a psique recebe a dignidade de um princípio cósmico que – filosoficamente e de fato – ocupa um lugar semelhante ao princípio físico do ser. O portador dessa consciência é o indivíduo. Todavia, ele não a produz voluntariamente, sendo por ela moldado desde a infância em direção à consciência adulta. Se a psique possui uma importância empírica tão significativa, o indivíduo, que constitui a sua manifestação mais imediata, deve ser considerado de maneira igualmente prioritária.

Esse fato deve ser ressaltado sobretudo por duas razões. Em primeiro lugar, porque a psique individual, em função de sua individualidade, representa uma exceção à regra estatística, sempre esquecida pela observação científica no afã de nivelamento estatístico. Em segundo lugar, porque a psique individual só encontra aceitação e validade nas confissões e igrejas quando adere a algum dogma, ou seja, quando aceita submeter-se a uma categoria coletiva. Em ambos os casos, o desejo de individualidade é sempre entendido como um subjetivismo egoísta. A ciência desvaloriza esse desejo como uma questão da subjetividade e as confissões o qualificam de heresia moral e soberba do espírito. Interessante é que o cristianismo, ao contrário das demais religiões, ensina o sentido de um símbolo que tem por conteúdo justamente a conduta individual da vida de um homem, o filho de Deus, que entende a si mesmo como processo de individuação e mesmo de encarnação e revelação de Deus. Dessa forma, a realização do si-mesmo adquire um significado cujas implicações ainda não foram devidamente aquilatadas. A experiência imediata e interior é desviada para o exterior. Contudo, se a autonomia não fosse a nostalgia secreta de muitos, talvez o indivíduo não tivesse condições de sobreviver moral e espiritualmente à repressão coletiva.

530     Existe ainda um grande obstáculo para a apreciação correta da psique humana, que talvez seja ainda mais significativo do que os anteriores. Trata-se de uma experiência reservada principalmente ao médico, na qual se constata que a desvalorização da psique e outras resistências semelhantes com relação à apreensão psicológica baseiam-se, em sua maioria, no medo e pânico das possíveis descobertas que possam ser feitas no campo inconsciente. Esse medo não invade apenas aqueles que se assustaram com as descobertas do inconsciente feitas por Freud. O próprio pai da "psicanálise" o experimentou tendo, por isso, não apenas de afirmar sua teoria sexual como um dogma como também de postular que a psicanálise consiste no único baluarte da razão contra uma possível "irrupção da maré negra do ocultismo". Com isso, Freud exprimiu sua convicção de que o inconsciente ainda teria muito a esperar, o que poderia provocar interpretações "ocultistas", como de fato ocorre. Existem certos "restos arcaicos" relacionados aos instintos que constituem suas formas arquetípicas. Sua principal característica é um medo numinoso e eventual. Essas formas são indeléveis, pois constituem o próprio fundamento da psique. Nenhuma estratégia intelectual é capaz de apreendê-las e quan-

Presente e futuro

do, por acaso, alguma de suas formas de manifestação se vê destruí-
da, elas reaparecem numa "forma alterada". O medo da psique inconsciente é o obstáculo mais árduo no caminho do autoconhecimento e também no entendimento e abrangência do conhecimento
psicológico. Por vezes é tamanho, que nem se consegue confessá-lo.
Essa questão deveria ser considerada com seriedade por todo homem
religioso, pois ela poderia lhe fornecer uma resposta iluminadora.

Uma psicologia orientada cientificamente deve, decerto, proce-  531
der de modo abstrato, isto é, deve se afastar de seu objeto concreto
mas sem o perder de vista. De modo geral e prático, os conhecimentos da psicologia experimental são, devido à abstração, pouco inte-
ressantes e esclarecedores. Quanto mais o objeto individual domina
o campo de visão, mais vivo, prático e abrangente é o seu conhecimento. Com essa aproximação, no entanto, o objeto da investigação
se complica e a incerteza acerca dos fatores singulares cresce propor-
cionalmente, aumentando a possibilidade de erro. A psicologia aca-
dêmica se intimida visivelmente diante desse risco, retraindo-se ante
os fatos mais complexos em favor de questionamentos mais simples.
Ela tem inteira liberdade na escolha das questões que fizer à natureza.

A psicologia médica, porém, não se encontra, de modo algum,  532
nessa situação invejável. Aqui é o objeto que coloca as questões, e o
experimentador, o médico, depara-se com fatos que não escolheu e
que certamente não escolheria se tivesse liberdade para isso. A doença e o doente é que colocam as questões decisivas, ou seja, a natureza
também realiza experiências junto com o médico, pois espera dele
uma resposta. A unicidade do indivíduo e sua situação singular se
apresentam ao médico, exigindo uma resposta. Seu dever de médico
o obriga a lidar com fatores complexos e incertos, relacionados à situação do paciente. De início, o médico parte de princípios gerais baseados na experiência. Mas, em algum momento, será obrigado a
perceber que os princípios dessa ordem não são uma expressão suficiente dos fatos ou não podem sequer responder à conjuntura em
questão. Quanto mais profunda a sua visão, menos validade passam a
ter os princípios gerais. Entretanto, esses princípios constituem precisamente o parâmetro e o fundamento do conhecimento objetivo. A
situação se subjetiviza amplamente porque passa a considerar como
"compreensão" aquilo que o médico e o paciente sentem. O que, de

início, era uma vantagem corre o perigo de se transformar em desvantagem. Com a subjetivação (ou para empregar os termos técnicos: transferência e contratransferência) isola-se do meio ambiente, ou seja, ocorre uma limitação social indesejável para ambos, toda vez que a compreensão é excessiva e não é mais balanceada pelo conhecimento. Via de regra, quando a compreensão aumenta, cresce a distância entre ela e o conhecimento. Na verdade a compreensão ideal seria uma con-vivência e uma con-dução totalmente impregnadas de subjetividade e destituídas de conhecimento e responsabilidade social. Uma compreensão tão abrangente é, porém, impossível, porque exige uma adaptação total de ambos os indivíduos e, mais cedo ou mais tarde, chegaria o momento em que um dos parceiros ver-se-ia obrigado a sacrificar sua própria individualidade em favor da individualidade do outro. Essa consequência inevitável romperia a compreensão, cujo pressuposto básico é precisamente a preservação integral da individualidade de ambos os parceiros. Uma vez que a compreensão a todo custo prejudica a ambos os parceiros, o mais aconselhável é o exercício da compreensão até que se alcance o equilíbrio entre esta e o conhecimento.

533     Esse problema está presente quando se trata de compreender e conhecer situações complexas e individuais. Tal é a tarefa do psicólogo e deveria ser também a do atencioso diretor espiritual preocupado com a *cura animarum* (a cura d'almas) se este não se sentisse impelido a impor os pressupostos confessionais como parâmetro em momentos decisivos. Com isso, limita-se e se restringe sensivelmente o direito de existência individual, o que já não ocorre quando se concebe concretamente o símbolo dogmático, por exemplo, o modelo paradigmático da vida de Cristo, como algo adequado ao indivíduo. Prefiro deixar em aberto se é isso que acontece no momento. Em todo o caso, o médico trata geralmente de pacientes para os quais as limitações confessionais são pouco importantes e sua profissão o obriga, de todo modo, a se despojar o mais possível dos pressupostos confessionais. Assim, mesmo que ele respeite as convicções e asserções metafísicas não verificáveis, irá cuidar de não lhes atribuir um valor universal. Essa atitude se justifica na medida em que os traços individuais da personalidade não podem ser distorcidos por concepções exteriores e arbitrárias. O médico deve deixar a margem de distorção para as influências do

Presente e futuro 37

meio, para o desenvolvimento interior e, em última instância, para o destino e suas decisões mais ou menos sábias.

É possível que muitos considerem essa postura um tanto radical. 534 Mas, tendo em vista que, no processo dialético do relacionamento entre dois indivíduos e mesmo na retração entre eles, ambos os lados exercem e sofrem inúmeras influências e efeitos, um médico cônscio de suas responsabilidades evitaria aumentar, sem necessidade, o número de fatores coletivos aos quais o paciente já sucumbiu. Ele sabe que a pregação dos melhores preceitos apenas provocaria hostilidade e resistência, explícita ou velada no paciente, ameaçando inclusive o êxito do tratamento. A situação psíquica do indivíduo nos dias atuais já está de tal forma ameaçada pelo excesso de anúncios, propagandas, sugestões e chavões que, ao menos uma vez na vida, deve-se proporcionar ao paciente uma relação que não repita cansativamente os imperativos "você deve, é preciso", e semelhantes declarações de impotência do dia a dia. Contra a invasão de fora e dos seus efeitos provocados internamente na psique do indivíduo, o médico deve, ao menos uma vez, desempenhar o papel de advogado de defesa. O argumento de que isso poderia suscitar a liberação de impulsos anarquistas parece, na verdade, uma possibilidade um tanto remota, pois sempre subsistem medidas de proteção significativas, tanto de natureza exterior como interior, tais como a covardia inerente à maior parte dos homens, a moral, o bom gosto e, em última instância, o código penal. Em oposição a esse receio, é muito alto o preço a pagar para se tomar consciência dos estímulos individuais e ainda mais para realizá-los. Quando os impulsos individuais rompem a ordem de maneira inesperada e impensada, o médico deve então proteger o indivíduo de sua tendência à miopia, à rudeza e ao cinismo em relação a si mesmo.

No desenrolar do relacionamento, chegará o momento em que 535 os impulsos individuais deverão ser avaliados. Para enfrentar esse momento, o paciente precisa ter alcançado uma segurança de julgamento que lhe garanta a possibilidade de agir segundo sua própria visão e não a partir da imitação em função de uma convenção coletiva, mesmo que essa esteja em concordância com sua opinião pessoal. Se o indivíduo não estiver solidamente constituído, os chamados valores objetivos podem significar uma grande desvantagem, já que lhe servem apenas como substituição de seu caráter próprio, reforçando a repressão da individualidade. A proteção contra o subjetivismo desenfreado é, de fato, um direito inalienável da sociedade. Mas, uma vez que ela própria consiste no processo de desindividualização das pessoas, ela se encontra à mercê do ataque de individualidades perversas. Apesar de ser capaz de se organizar e unir de maneira exemplar, é justamente a extinção da personalidade singular que a torna susceptível ao ataque de indivíduos sedentos de poder. A soma de um milhão de zeros não chega a gerar um. Tudo depende, portanto, exclusivamente, da condição do indivíduo singular. Todavia, a miopia fatal de nosso momento presente apenas consegue pensar em termos de grandes números e de organizações de massa. O mundo já viu suficientemente – ao menos parece – o que significa uma massa ultradisciplinada nas mãos de um louco. Infelizmente essa visão não se impôs em parte alguma. As pessoas continuam a se organizar alegremente, na crença de que a única coisa eficaz é a ação massificada, sem a mínima consciência de que quanto mais poderosas as organizações tanto mais corre riscos a moralidade. Uma massa em movimento só pode persistir incorporada na vontade de um líder que não se detém diante de nada. E o seu programa há de se basear em ideias utópicas e milenaristas, capazes de iluminar as inteligências inferiores (e estas de preferência!).

536 É curioso que também as Igrejas, com a promessa de cuidar da saúde da alma individual, sirvam oportunamente à ação massificada, exorcizando o diabo com Belzebu. Parece que elas não se dão conta da constatação mais elementar da psicologia de massa, segundo a qual o indivíduo na massificação sofre uma degradação moral e espiritual, e elas se esquecem de que sua própria tarefa é possibilitar ao homem singular – com a graça de Deus – a metanoia, ou seja, o renascimento espiritual. Já sabemos que, sem uma verdadeira renovação espiritual do indivíduo, a sociedade em si não constitui um caminho de renovação, já que ela nada mais é do que a soma de indivíduos que necessitam de salvação. Só consigo interpretar como alienação o empenho das Igrejas em aprisionar o indivíduo dentro de uma organização social e transportá-lo para uma condição na qual o seu sentido de responsabilidade se vê diminuído, principalmente, quando o seu verdadeiro objetivo deveria ser retirá-lo da massa inconsciente e cega, conscientizando-o de que a salvação do mundo depende de sua própria alma. A reunião de massa à qual a Igreja o convida lhe sugere

Presente e futuro

sempre as mesmas ideias e procura impô-las com os recursos da sugestão. A grande ilusão consiste em impor, num curto espaço de tempo, um outro *slogan* como se fosse novo e mais iluminador. A relação individual com Deus seria uma proteção eficaz contra a influência nefasta da ação massificada. Terá Cristo chamado seus apóstolos por ocasião de grandes aglomerações de massa? A alimentação dos cinco mil ouvintes por acaso fez aparecer alguns discípulos que depois não gritavam "crucifica-o", quando mesmo o próprio Pedro, a rocha, hesitou, apesar da escolha proclamada? E não foram justamente Jesus e Paulo os paradigmas dos homens que, confiando na experiência interior, seguiram seus próprios caminhos a despeito do mundo?

Contra esse argumento, porém, não se pode esquecer a realidade que as Igrejas enfrentam. Pois quando a Igreja procura dar uma orientação à massa amorfa e tenta, pela sugestão, reunir os indivíduos numa comunidade de fiéis, ela não presta apenas um grande serviço social como beneficia o indivíduo com a garantia de uma forma de vida plena de sentido. Contudo, via de regra, esses préstimos proporcionam mais confirmação de tendências do que transformação. A experiência nos tem mostrado, infelizmente, que a comunidade não é capaz de transformar interiormente o indivíduo. O meio não tem condições de fornecer de maneira imediata aquilo que o homem só pode adquirir através do esforço e do sofrimento. Ao contrário, a sugestão do meio reforça a tendência perigosa de se esperar que a transformação venha de fora. Ela passa, por assim dizer, um verniz nas aparências, dando a ilusão de que houve realmente uma transformação profunda e verdadeira na interioridade do homem, que aliás seria muito necessária, considerando-se os fenômenos atuais de massa e os problemas que daí poderiam advir. As cifras populacionais não diminuem, aumentando sem cessar. As distâncias se reduzem e a terra parece encolher-se. Hoje podemos ver, de modo transparente, o que pode resultar das organizações de massa. Já é, portanto, tempo de nos perguntarmos *o que* se obtém com essas organizações, isto é, qual a condição do homem real, do indivíduo e não do homem estatístico. Esse questionamento, porém, só é possível através de uma nova compreensão de si mesmo. 537

O movimento de massa resvala, como se pode esperar, do alto de um plano inclinado estabelecido pelos grandes números: a pessoa só 538 está segura onde muitos estão; o que muitos acreditam deve ser verdadeiro; o que muitos almejam deve ser digno de luta, necessário e, portanto, bom; o poder se vê forçado a satisfazer o desejo de muitos. Mas o mais belo mesmo é escorregar com leveza e sem dor para a terra das crianças, sob a proteção dos pais, livre de qualquer responsabilidade e preocupação. Pensar e preocupar-se é da competência dos que estão lá no alto; lá existem respostas para todas as perguntas e necessidades. Tudo o que é necessário encontra-se à disposição. Esse estado onírico infantil do homem massificado é tão irrealista que ele jamais se pergunta quem paga por esse paraíso. A prestação de contas é feita pela instituição que se lhe sobrepõe, o que é uma situação confortável para ela, pois aumenta ainda mais o seu poder. Quanto maior o poder, mais fraco e desprotegido o indivíduo.

539     Toda vez que esse tipo de situação social se desenvolve, adquirindo grande extensão, abre-se o caminho para a tirania e a liberdade do indivíduo se transforma em escravidão física e espiritual. Sendo sempre imoral e perversa, a tirania se sente mais livre na escolha de seus métodos do que a instituição que, de certo modo, ainda deve explicações ao indivíduo. Caso entre em conflito com o Estado organizado, logo perceberia a real desvantagem de sua moralidade e acabaria se servindo dos mesmos métodos que este. Desse modo, o mal se dissemina automaticamente mesmo quando a contaminação ainda poderia ser evitada. Esse perigo é ainda maior quando as grandes cifras e os valores estatísticos possuem uma importância decisiva, como é o caso no mundo ocidental. Os grandes números – as massas e o poder esmagador – são diariamente impostos a nossos olhos pelos jornais o que, implicitamente, reafirma a falta de importância do indivíduo, a ponto de lhe retirar todas as esperanças de ser ouvido em algum tempo ou lugar. Os ideais de *liberté, égalité, fraternité*, transformados em meros chavões, não podem sequer ajudá-lo pois ele só pode dirigir esse apelo aos seus próprios carrascos, aos representantes da massa.

540     *Somente aquele que se encontra tão organizado em sua individualidade quanto a massa, pode opor-lhe resistência.* Estou inteiramente convencido de que essa afirmação parece incompreensível para o homem de hoje. De há muito que a visão medieval tão salutar do homem como microcosmo, como um diminutivo, por assim di-

Presente e futuro

zer, do grande cosmo, tornou-se obsoleta, embora a longa distância da psique enquanto instância de apreensão do mundo e dele dependente, pudesse ter desenvolvido ainda melhor essa visão. Enquanto essência psíquica, o homem não só traz impressa dentro de si a visão do macrocosmo, como possui, de modo inerente, a capacidade de recriá-la sempre de novo numa medida ainda mais abrangente. O homem contém em si as correspondências do vasto mundo, graças à sua atividade consciente e reflexiva, de um lado, e do outro, graças à sua natureza instintiva hereditária, arquetípica que o insere no ambiente. Seus impulsos o prendem e o separam do macrocosmo, dado que suas ambições e desejos o arrastam para as mais variadas direções. Desse modo, ele está sempre em contradição consigo mesmo e só muito raramente consegue imprimir um objetivo único à sua vida – o que, em geral, implica a repressão penosa de outros lados de sua essência. Nesses casos, há de se perguntar até que ponto vale a pena o sacrifício em favor desta unilateralidade, uma vez que o estado natural da psique humana consiste numa certa oposição entre seus elementos e certa contraditoriedade entre seus modos de relacionamento, isto é, numa determinada dissociação. Ao menos, é assim que o Extremo Oriente sente o apego das "dez mil coisas". Esta situação exige, portanto, ordem e síntese.

Assim como o caos dos movimentos de massa, sempre contrários 541 e interpolados, convergem para uma direção determinada segundo uma vontade ditatorial, o estado dissociado do indivíduo necessita de um princípio de organização e ordenamento. A consciência do eu reivindica esse papel para a sua própria vontade e, em consequência, desconsidera a existência de poderosos fatores inconscientes que poderiam fazer malograr sua intenção. No entanto, se a consciência pretende alcançar uma síntese, ela deve, em primeiro lugar, conhecer a natureza desses fatores. Ela deve fazer a experiência deles ou então apropriar-se de um símbolo luminoso capaz de exprimi-los e assim gerar uma síntese. Um símbolo religioso que conseguisse apreender e apresentar, de forma elevada, o que, no homem moderno, anuncia-se, poderia exercer essa função. Contudo, a concepção até hoje vigente na interpretação do símbolo cristão ainda não o permitiu. Ao contrário, gerou inclusive a terrível cisão do mundo a partir do conceito do homem branco "cristão", e a nossa cosmovisão cristã mostrou-se inoperante para impedir o aparecimento de uma ordem social tão arcaica como o comunismo.

542     Com isso não queremos dizer que o cristianismo tenha-se esgotado. Absolutamente. Estou convencido de que não é o cristianismo que está antiquado em relação à situação atual do mundo e sim a apreensão e interpretação que dele fizeram até agora. O símbolo cristão é uma essência viva que traz em si o germe de outros desdobramentos. Ele pode ainda se desenvolver e tudo dependc se conseguimos nos decidir ou não a meditar mais uma vez, e ainda mais profundamente, sobre os seus pressupostos. Para tanto, é imprescindível um novo posicionamento diante da questão do indivíduo microcosmo do si-mesmo. Por isso não sabemos que novas abordagens estão abertas para o homem, que experiências interiores ainda ele pode realizar e que fatos psíquicos se encontram à base do mito religioso. Sobre esses aspectos reina uma grande escuridão e por isso não conseguimos ver qual o caminho de interesse e qual a posição a ser tomada. Diante desse problema, perdemos nossa terra firme.

543     Tudo isso não é tão surpreendente, já que todos os trunfos estão nas mãos do inimigo. Esse último pode fazer apelo ao grande número e ao seu poder esmagador. A política, a ciência e a técnica com suas consequências decisivas são seus cúmplices. Os imponentes argumentos da ciência se apresentam como o grau máximo da certeza intelectual até aqui alcançado pelo esforço humano. Ao menos é o que parece ao homem moderno, tão instruído acerca do atraso, obscuridade e superstições dos tempos antigos. Mas ele não consegue perceber que seus mestres incorreram por sua vez num grave erro, pois compararam equivocadamente dois fatores incomensuráveis. Sua ilusão é encorajada pelo fato de que os espíritos que são autoridade e a quem ele dirige seus questionamentos parece lhe provar que o que a ciência considera impossível hoje foi impossível em todos os tempos, principalmente os fatos da fé, que poderiam lhe oferecer uma perspectiva extraterrena. Quando o indivíduo questiona a Igreja e seus representantes, a quem está confiado o cuidado pastoral, ele recebe como resposta que pertencer a uma igreja, ou seja, a uma instituição terrena é, por assim dizer, uma condição incontornável. Escuta também que os fatos da fé agora questionados são acontecimentos históricos concretos e que certos atos rituais têm efeitos miraculosos

Presente e futuro

como, por exemplo, a Paixão de Cristo que o redimiu dos pecados e de suas consequências (a condenação eterna). Se o indivíduo tiver que meditar sobre essas coisas com os parcos meios que lhe são oferecidos, ele certamente haverá de admitir que não é capaz de compreendê-las, restando-lhe apenas duas possibilidades: ou acreditar sem pensar nessas afirmações ou então rejeitá-las por completo.

É sem muitas dificuldades que o homem de hoje consegue conceber e pensar as "verdades" ditadas pelo Estado massificado. O acesso, no entanto, à compreensão religiosa lhe parece extremamente difícil devido às explicações deficientes que recebe ("Porventura entendes o que lês? Ele lhe respondeu: Como é que vou entender se ninguém me explicar?") (At 8,30). Se, apesar disso, o homem não consegue extirpar de todo suas convicções religiosas, é porque a atividade religiosa repousa numa tendência instintiva e pertence às funções específicas do homem. É possível retirar-lhe os deuses, mas somente para lhe oferecer outros. Os líderes do Estado massificado não podiam deixar de ser idolatrados. Onde essa idolatria ainda não se impôs com violência, surgem outros fatores obsessivos de energia demoníaca como o dinheiro, o trabalho, a influência política etc. Quando o homem perde alguma de suas funções naturais, isto é, quando esta se vê excluída de sua atividade consciente e intencional, ocorre um distúrbio geral. É evidente, portanto, que, com a vitória da "déesse Raison" (deusa Razão), tenha havido uma neurotização geral do homem moderno, ou seja, uma dissociação de sua personalidade análoga à cisão contemporânea do mundo. A cerca de arame farpado que divide o mundo atravessa também a psique do homem moderno, quer ele viva de um lado ou de outro. E como o neurótico clássico não tem consciência do outro lado de si mesmo, isto é, de sua sombra, também o indivíduo normal que, como ele, vê a sua sombra no próximo, a vê respectivamente no homem do outro lado da trincheira. Já se tornou inclusive uma tarefa social e política considerar diabólico o capitalismo do outro lado da cerca e deste lado, o comunismo, fascinando com o exterior o olhar do indivíduo para desviá-lo de seu próprio interior. Mas, da mesma maneira que o neurótico em sua semiconsciência tem uma certa intuição a respeito da desordem de sua psique, o homem do Ocidente desenvolve um interesse instintivo pela sua psique e pela "psicologia".

545 Nesse sentido, o médico é chamado, de bom ou de mau grado, para a cena do mundo e a ele são colocadas questões que, de início, dizem respeito apenas à vida mais íntima e velada do indivíduo mas que, em última instância, expressam diretamente os efeitos do espírito do tempo. Devido a sua sintomatologia pessoal, esses efeitos, na maioria das vezes e com boa razão, valem como "material neurótico", pois se trata, na verdade, de fantasias infantis que dificilmente são compatíveis com o conteúdo adulto da psique e que, por isso, são reprimidas por julgamentos morais ao chegarem à consciência. Entretanto, a maior parte dessas fantasias não chega à consciência de modo natural e nem mesmo se pode provar que lá cheguem para então serem reprimidas. É mais provável que tenham surgido no inconsciente e lá permanecido nesse estado até o momento em que a intervenção psicológica tenha franqueado sua entrada para o limiar da consciência. A vitalidade de fantasias inconscientes é um processo relacionado a uma situação de carência da consciência. Se assim não fosse, elas se processariam normalmente e não gerariam nenhum distúrbio neurótico. Na verdade, esse tipo de fantasia pertence ao mundo infantil e só gera distúrbios quando intensificadas fora do tempo, sob condições anormais da vida consciente. É o que acontece quando a atmosfera se vê envenenada pela explosão de conflitos entre os pais que perturbam o equilíbrio psíquico da criança.

546 Quando uma neurose aparece no adulto, surge literalmente o mesmo mundo de fantasias da criança. Daí explicar o aparecimento de uma neurose estabelecendo uma relação causal com a existência de fantasias infantis. Essa explicação, contudo, não elucida por que, nesse meio-tempo, as fantasias não se desdobraram em efeitos patológicos. Esses efeitos só aparecem quando o indivíduo se depara com uma situação que ele não é mais capaz de dominar. A interrupção consequente da evolução da personalidade possibilita um desvio para as fantasias infantis que existem de forma latente em todo ser humano, mas que não chegam propriamente a impedir a trajetória normal da personalidade consciente. Mas quando as fantasias alcançam um determinado grau de intensidade, começam a irromper na consciência, gerando um estado de conflito perceptível para o paciente: a cisão em duas personalidades caracteristicamente distintas. De fato, a dissociação já havia sido preparada no inconsciente, na

Presente e futuro

medida em que a energia não utilizada que escoa da consciência fortalece as propriedades inconscientes negativas, sobretudo os traços infantis da personalidade.

Uma vez que as fantasias normais da criança, no fundo, nada **547** mais representam do que a imaginação dos impulsos instintivos, podendo ser considerada como uma espécie de exercício preliminar das atividades futuras da consciência, também as fantasias do neurótico, perturbadas de forma patológica (ou talvez pervertida) pela regressão da energia, possuem um núcleo do instinto normal que se caracteriza pela capacidade de adaptação. Esse tipo de doença sempre significa em si uma alteração inadaptada e uma distorção dos dinamismos normais e da imaginação própria a eles. Os instintos, porém, são muito conservadores tanto na sua dinâmica como na sua forma. Esta, quando representada aparece como imagem que exprime a natureza do impulso instintivo visual e concretamente. Se, por exemplo, fosse-nos possível ver a psique da borboleta iúca[3], certamente encontraríamos nela formas de representação de caráter numinoso que não apenas compelem a borboleta à sua atividade de fertilização da iúca como também a ajudam a "reconhecer" a situação total. Por conseguinte, o instinto não é um mero impulso, cego e indeterminado, mas está sempre afinado com uma situação exterior determinada. Esta circunstância é que lhe dá sua forma específica e singular. Como o instinto é original e hereditário, a forma é também arcaica, isto é, arquetípica, sendo mais antigo e conservador do que a forma do corpo.

Esse mesmo pressuposto biológico vale para a espécie do *homo* **548** *sapiens* que, apesar de possuir consciência, vontade e razão, não está excluído do campo da biologia geral. Do mesmo modo que podemos observar em todos os seres vivos animais, nossa atividade consciente repousa sobre os fundamentos do instinto, dele retirando tanto a sua dinâmica como os seus traços essenciais. O conhecimento humano consiste basicamente na adaptação às formas de representação arcaicas que nos foram dadas *a priori*. Elas exigem certas modificações porque na sua forma original correspondiam a um modo arcaico de-

---

3. Trata-se de um caso clássico na biologia de simbiose entre um inseto e uma planta [cf. JUNG. *Instinkt und Unbewusstes*, § 268 e § 277].

vido às exigências de um meio profundamente modificado. Caso o fluxo da dinâmica instintiva para nossa vida presente deva ser preservado, o que é absolutamente necessário para a manutenção de nossa existência, então é fundamental que representemos as formas arquetípicas que nos são dadas, de modo que elas possam corresponder às exigências do presente.

## 5. Cosmovisão e modo de observação psicológico

549     Nossas concepções, infelizmente, revelam a tendência inevitável de não acompanhar as transformações e a situação em geral. De fato, não poderia ser diferente porque, enquanto nada se muda no mundo, elas são mais ou menos adequadas e funcionam de maneira satisfatória. E assim permanecem enquanto não houver alguma razão contundente para a sua transformação ou readaptação. Somente quando as relações se modificam a ponto de criar um abismo intransponível entre a situação exterior e as formas de representações antigas é que se levanta o problema geral acerca da cosmovisão (*Weltanschauung*) de princípio: como as formas de representação, que deveriam seguir o fluxo da energia instintiva, devem se orientar e se adaptar de forma nova. Não se pode substituí-las simplesmente por uma nova forma racional, uma vez que esta se estrutura bem mais a partir do exterior do que do pressuposto biológico do homem. Assim, não oferecem nenhuma ponte para o homem originário, mas, ao contrário, obstruem o acesso a ele. Isso, porém, corresponde justamente à educação marxista que, na crença de sua semelhança com Deus, acredita poder conformar o homem a um produto do Estado.

550     Nossa convicção de base é por demais racionalista. Nossa filosofia não é mais uma forma viva como era a dos antigos, mas uma questão exclusivamente intelectual. Nossas confissões com seus ritos legitimamente arcaicos e formas de representação exprimem uma imagem do mundo que, embora não tivesse ainda causado na Idade Média nenhum dano considerável, tornou-se incompreensível para o homem de hoje. No entanto, mesmo considerando todo o conflito existente com as concepções modernas, um instinto profundo ainda nos provoca a manter representações que literalmente já não se ajustam ao desenvolvimento espiritual dos últimos cinco séculos. É evi-

Presente e futuro

47

dente que isso ocorre para evitar que ele caia no abismo de um desespero niilista. E mesmo quando o racionalista acredita dever criticar a fé que se apoia apenas na letra ou num concretismo mesquinho, nunca deve esquecer que as confissões proporcionam um ensinamento cujos símbolos, apesar da interpretação questionável, possuem uma vida própria, em razão de seu caráter arquetípico. Em consequência, a compreensão intelectual geralmente não é algo indispensável. Ela surge apenas quando a percepção intuitiva e a avaliação emocional não são suficientes, ou seja, para aquele que atribui ao intelecto uma força convincente.

Nesse sentido, nada pode ser mais sintomático e característico do que o *abismo entre fé e saber* que se abre com a Idade Moderna. A oposição cresceu de tal maneira que se deve mesmo falar da incomensurabilidade entre as duas categorias do conhecimento e de suas respectivas imagens do mundo. Todavia, trata-se de um mesmo mundo empírico em que o homem se encontra. A própria teologia afirma que a sua fé se baseia em fatos que se tornaram historicamente perceptíveis neste nosso mundo conhecido, a saber, que Cristo nasceu como homem real, realizou muitos milagres, viveu o seu destino, morreu sob Pôncio Pilatos e ressuscitou após sua morte. A teologia chega inclusive a rejeitar qualquer tentativa de se compreender simbolicamente as formulações de sua mensagem e de apreendê-las como mito; inclusive, sem dúvida como concessão ao "conhecimento", tentou "desmitologizar" o objeto de sua fé ao traçar uma linha totalmente arbitrária nas questões decisivas. Para o entendimento crítico, porém, é claro que o mito constitui parte integrante de toda religião e que, por isso, não pode ser excluído sem prejuízos para a afirmação da fé.

551

A cisão entre fé e saber é um sintoma da *cisão da consciência* que caracteriza o estado de perturbação espiritual da época moderna. É como se duas pessoas diferentes professassem afirmações sobre um mesmo fato, cada um sob o seu próprio prisma, ou então como se uma mesma pessoa projetasse uma imagem de sua experiência em dois estados psíquicos diferentes. Se colocarmos em lugar de uma pessoa a sociedade moderna geral, ela sofrerá de dissociação psíquica, isto é, de um distúrbio neurótico. Diante disso, de nada adianta se um partido a puxa obstinadamente para a direita e um outro, do mesmo modo, para

552

a esquerda. Isso acontece com toda psique neurótica, causando um grande sofrimento e é justo esse sofrimento que a leva ao médico.

553 Como mencionei há pouco, com referência a particularidades de ordem prática (o que talvez tenha surpreendido o leitor), o médico precisa estabelecer um relacionamento com os dois lados da personalidade de seu paciente, pois somente assim poderá recompor o homem em sua integridade e não se ater apenas a um dos lados, reprimindo o outro. Isso o paciente fez sempre, porque a cosmovisão moderna não lhe deixa outra alternativa. Em princípio, sua própria situação individual é a mesma que a coletiva. Ele é um microcosmo social que reflete em pequena escala as características da grande sociedade ou, ao contrário, o indivíduo é a menor unidade social a partir da qual resulta, por acúmulo, a dissociação coletiva. Esta última hipótese nos parece mais provável, na medida em que o indivíduo é o único portador imediato e vivo da personalidade singular, enquanto que a sociedade e o Estado representam apenas ideias convencionais e só podem pleitear a realidade quando se acham representados por um certo número de indivíduos.

554 Até hoje não se percebeu com a necessária clareza e profundidade que a nossa época, apesar do excesso de irreligiosidade, está consideravelmente sobrecarregada com o que adveio da era cristã, a saber, com o *predomínio da palavra*, daquele Logos que representa a figura central da fé cristã. A palavra tornou-se, ao pé da letra, o nosso deus e assim permanece mesmo para quem conhece o cristianismo apenas externamente. Palavras como "sociedade" e "Estado" concretizaram-se de tal maneira que quase chegaram a se personificar. Para a crença vulgar, o Estado se tornou, ainda mais do que o rei das épocas primitivas, o doador inesgotável de todos os bens. O Estado é invocado, responsabilizado, acusado etc. A sociedade se transforma no princípio ético supremo, atribuindo-se-lhe inclusive a capacidade de criação. Ninguém parece observar que a veneração e o endeusamento da palavra, necessários para uma determinada fase de desenvolvimento espiritual e histórico, traz consigo um lado sombrio bastante perigoso. Desde o momento em que a "palavra", através de uma educação secular, adquire validade universal, ela rompe sua ligação originária com a pessoa divina. Ao romper essa ligação, surge uma Igreja extremamente personificada e – *last but not least* – um Estado igualmen-

Presente e futuro

te personificado; a fé na "palavra" se transforma em crendice e a própria palavra em *slogan* informal, capaz de todo tipo de impostura. Com a crendice, com as propagandas e anúncios, o cidadão satura os ouvidos, assume compromissos e negócios políticos, enquanto a mentira alcança proporções jamais vistas.

A palavra que, originariamente, era mensagem da unidade dos homens e de sua união na figura de um grande Homem, passa a constituir, em nossa época, fonte de suspeita e desconfiança de todos contra todos. A crendice é o nosso pior inimigo mas também o meio de informação a que o neurótico sempre recorre a fim de persuadir o opositor que ele carrega em seu próprio peito ou de fazê-lo desaparecer. Costuma-se acreditar que basta "apenas dizer" a alguém o que ele deve "fazer" para entrar no bom caminho. Mas se ele pode ou quer fazê-lo, é uma outra história. Por outro lado, a prática médica percebeu que dizer, convencer, persuadir ou aconselhar não resulta em nada de proveitoso. O médico quer e deve conhecer as particularidades como também obter um conhecimento autêntico do inventário psíquico de seu paciente. Para tanto, ele precisa estabelecer um relacionamento com a individualidade do doente e adquirir um conhecimento profundo de todos os escaninhos de sua psique numa proporção que vai muito além da capacidade do pedagogo e mesmo do diretor espiritual. A objetividade científica de que dispõe não exclui nenhum fator e lhe dá a possibilidade de ver o paciente não apenas como uma personalidade humana mas também como um antropoide que, assim como o animal, está profundamente ligado a sua corporeidade. A formação científica do médico dirige seu interesse para além da personalidade consciente e para o mundo do instinto inconsciente dominado pela *sexualidade* e pelo *instinto de poder*. Estes significam a autoafirmação e correspondem aos conceitos morais de Agostinho de concupiscência e soberba. O confronto entre esses dois instintos fundamentais (conservação da espécie e de si próprio) no indivíduo gera muitos conflitos, constituindo, portanto, o objeto principal do julgamento moral cujo objetivo é evitar o mais possível a colisão entre os instintos.

Como já afirmei, o instinto possui dois aspectos fundamentais: de um lado, o *fator dinâmico* e, de outro, o *sentido específico*, e correspondem, respectivamente, à compulsão e à intenção. É muito provável que todas as funções psíquicas do homem repousem sobre a base do instinto, como é o caso manifesto dos animais. Nestes, o instinto pode ser imediatamente reconhecido como o *spiritus rector* (espírito-guia) de todo comportamento. Essa constatação só vem a ser questionável quando uma certa capacidade de aprendizagem começa a se desenvolver como ocorre, por exemplo, com os macacos mais complexos e os homens. Aqui, devido à capacidade de aprendizagem, o instinto sofre inúmeras modificações e diferenciações gerando, por fim, no homem civilizado, um estado no qual só muito poucos instintos podem ser encontrados em sua forma originária. Estes são basicamente os dois instintos acima mencionados e seus derivados com os quais a psicologia médica vem se ocupando até hoje. Constatou-se que quanto maior o desdobramento do instinto, mais a pesquisa se depara com formações em que não se sabe a que grupos de instintos devem ser remetidas. Para mencionarmos apenas um exemplo, o descobridor do instinto de poder levantou a questão se uma expressão aparentemente inquestionável do instinto sexual não se explicaria melhor como "arranjo de poder", e o próprio Freud admitiu, ao lado do instinto sexual, a existência de "instintos do eu", com o que faz uma clara concessão à perspectiva de Adler. Diante dessa incerteza, não é de admirar que, na maior parte dos casos, a sintomatologia neurótica possa ser explicada pelas duas teorias sem cair em contradição. Essa perplexidade não significa, de modo algum, que algum dos pontos de vista, ou mesmo ambos, estejam errados. Ao contrário, ambos são relativamente válidos, permitindo assim a existência e concorrência de outros instintos, por oposição a certas tendências unilaterais e dogmáticas. Embora a questão dos instintos não seja uma coisa simples, pode-se supor, por exemplo, que a capacidade de aprendizagem, essa propriedade quase exclusiva do homem, baseia-se sobretudo num instinto de imitação também presente nos animais. Pertence à natureza do instinto perturbar e modificar eventualmente outras atividades instintivas, o que se pode observar, por exemplo, com relação ao canto dos pássaros que conseguem incorporar outras melodias.

557      Nada é mais estranho ao homem, do ponto de vista dos instintos, do que a sua capacidade de aprender, a qual se apresenta como um verdadeiro ímpeto crescente de transformação dos seus modos de re-

Presente e futuro 51

lacionamento. A ela se deve atribuir, em última instância, a modificação das condições da existência e a exigência de novas adaptações que traz consigo a civilização. Por isso, constitui também a fonte de todos os distúrbios psíquicos e das dificuldades provocadas pela alienação crescente do homem de sua base instintiva, ou seja, pelo desenraizamento e identificação com o conhecimento consciente de si mesmo ou consciência na exclusão do inconsciente. O resultado natural é que o homem moderno só se conhece na medida em que consegue ter consciência de si mesmo. Essa possibilidade, porém, depende essencialmente das condições ambientais cujo conhecimento e domínio lhe fornecem ou sugerem as modificações de suas tendências instintivas originárias. A consciência orienta-se de preferência pela observação e conhecimento do meio ambiente a cujas características ele deve adaptar seus recursos psíquicos e técnicos. A tarefa assim imposta é de tal modo exigente e seu cumprimento tão vantajoso que ele acaba se esquecendo, por assim dizer, de si mesmo, isto é, acaba perdendo de vista sua natureza instintiva originária, substituindo sua verdadeira essência pela visão que projeta de si mesmo. Dessa maneira, ele entra, sem perceber, num mundo de conceitos em que substitui, em larga escala, a verdadeira realidade pelos produtos de sua atividade consciente.

A separação de sua natureza instintiva leva o homem civilizado 558 ao conflito inevitável entre consciência e inconsciente, entre espírito e natureza, fé e saber, ou seja, à cisão de sua própria natureza que, num dado momento, torna-se patológica, uma vez que a consciência não é mais capaz de negligenciar ou reprimir a natureza instintiva. O aumento do número de indivíduos que chegaram a esse estado crítico coloca em ação um movimento de massas que se apresenta como defensor dos oprimidos. Assim como a tendência predominante da consciência é procurar a fonte de todas as suas necessidades no mundo exterior, pressupõe-se acriticamente que as modificações externas, de ordem política e social, hão de solucionar os graves problemas da cisão da personalidade. Daí decorre que, onde essa exigência é satisfeita, incorporam-se circunstâncias políticas e sociais que provocam, embora de maneira diversa, as mesmas necessidades, à custa dos valores morais e espirituais que fazem de uma simples civilização uma cultura. Nesse tipo de situação, o que acontece é, de início, uma pura inversão: o que está embaixo vai para cima, a escuridão ocupa o lugar da luz e, como isso sempre se dá de maneira anárquica e turbulenta, a liberdade do oprimido "libertado" precisa ser, necessariamente, restringida. Expulsa-se o diabo com Belzebu. E ele permanece inequivocamente porque a raiz do mal não foi absolutamente tocada, passando a vigorar apenas a posição contrária.

559     A revolução comunista tirou a dignidade do homem numa escala bem superior do que a psicologia coletiva democrática o fez, pois retirou dele a liberdade tanto no sentido social como moral e espiritual. À parte as dificuldades políticas, o Ocidente também sofreu um grande dano psicológico que se fez notar já na época do nacional-socialismo na Alemanha: nas sombras pode-se apenas tatear. Hoje, esse dano já se localiza além dos limites políticos, embora achemos que estamos do lado do bem e nos regozijemos da posse dos ideais corretos. Um famoso chefe de Estado não afirmou recentemente que não possuía "qualquer imaginação para o mal"?[4] Com isso, exprimiu, no entendimento de muitos, o fato de que o homem ocidental corre o perigo de perder por completo as suas sombras e se identificar totalmente com sua personalidade fictícia e o mundo com a imagem abstrata do racionalismo científico. Assim lhe é tirado o chão debaixo dos pés. Seu oponente espiritual e moral, tão real quanto ele, é arrancado de seu próprio peito para habitar o outro lado geográfico da linha de separação que agora não é mais expressão de uma medida política e policial externa e sim algo bem mais ameaçador, a saber, a cisão entre o homem consciente e o inconsciente. O pensar e sentir perdem sua polaridade interna e, quando a orientação religiosa se torna ineficaz, nem mesmo um Deus pode controlar as funções psíquicas liberadas.

560     Nossa filosofia não se ocupa da questão se o outro homem existente em nós, que nós só conseguimos denominar de maneira pejorativa com a palavra "sombra", está ou não de acordo com nossos planos e intenções conscientes. A filosofia decididamente ainda não sabe que o homem traz de verdade dentro de si uma sombra, cuja existên-

---

4. Desde que essas palavras foram escritas, a sombra seguiu rápida essa imagem luminosa com a cavalgada dos hussardos em direção ao Egito.

cia se funda em sua natureza instintiva característica. Tanto essa dinâmica como o mundo de imagens dos instintos formam um *a priori* que não deve ser desconsiderado sob o risco de consequências desastrosas. Violentação ou negligência do instinto traz consequências funestas de natureza fisiológica e psicológica contra as quais o auxílio do médico mostra-se indispensável.

Sabemos há mais de meio século que existe um inconsciente, o qual se opõe à consciência. A psicologia médica apresentou, neste sentido, todas as provas experimentais e empíricas necessárias. Comprovou-se a existência de uma realidade psíquica inconsciente que influencia a consciência e seus conteúdos. Mesmo sabendo disso, não se chegou a nenhuma conclusão geral sobre esse fato. Pensamos e agimos, antes e depois da descoberta, como se possuíssemos apenas um lado e não dois. Em consequência predomina ainda a representação inocente e racional do homem. Não se cogita em desconfiar de seus motivos ou sequer de levantar a questão se o homem em sua interioridade se relaciona de alguma maneira com o que fazemos no mundo externo. Na realidade, porém, é de todo leviano, superficial e mesmo irracional, desconsiderar a reação e a atitude do inconsciente porque isto é psiquicamente anti-higiênico. Podemos considerar o estômago e o coração coisas sem importância ou até desprezíveis, mas isso não impede que um erro de dieta ou um esforço exagerado tragam consequências que comprometem gravemente a saúde do homem. Acreditamos poder corrigir os erros psíquicos e suas consequências com meras palavras, pois o "psíquico" significa tanto quanto nada. Apesar disso, não podemos negar que sem a psique não existiria o mundo ou, mais precisamente, mundo humano algum. De certo modo tudo depende da psique humana e de suas funções. Elas merecem a nossa maior atenção, sobretudo hoje em dia quando o bem-estar do futuro reconhecidamente não mais se decide pela ameaça de animais ferozes, pelas catástrofes naturais ou pelo perigo de vastas epidemias, mas, única e exclusivamente, pelas *alterações psíquicas dos homens*. Basta um pequeno distúrbio do equilíbrio na cabeça de alguns chefes para que o mundo se transforme em sangue, fogo e radioatividade. Ambos os lados dispõem dos meios técnicos para isso. E certos processos conscientes de reflexão, fora do controle de qualquer opositor interno, oferecem facilmente as condições para esse extremo, como vimos no exemplo do *"Führer"*. A consciência do homem hoje está de tal forma colada aos objetos exteriores que só consegue responsabilizar os objetos como se deles dependesse a decisão. Considera-se bem pouco que o estado psíquico de certos indivíduos poderia se libertar do comportamento dos objetos mesmo quando essas "irracionalidades" podem ser observadas e encontradas diariamente.

562 A perda de consciência em nosso mundo provém, fundamentalmente, da perda do instinto e tem sua razão de ser no desenvolvimento mental da humanidade ao longo das eras passadas. Quanto mais o homem conseguiu dominar a natureza, mais lhe subiu à cabeça o orgulho de seu saber e poder, e mais profundo o seu desprezo por tudo que é apenas natural e casual, isto é, pelos dados irracionais, inclusive a própria psique objetiva que não é a consciência. Em oposição ao subjetivismo da consciência, o inconsciente é objetivo na medida em que se manifesta sobretudo na forma de sentimentos, fantasias, emoções, impulsos e sonhos resistentes que não são produzidos intencionalmente, mas nos surpreendem de maneira objetiva. A psicologia ainda hoje é, em grande parte, a ciência dos conteúdos da consciência, dado que estes podem ser medidos por parâmetros coletivos. A psique individual, no entanto, que em última instância é a única verdadeiramente real, é entendida como um fenômeno ocasional e marginal, e o inconsciente, que só se manifesta em certas pessoas irracionais, foi inteiramente ignorado. Essa atitude não exprime uma simples desatenção ou mesmo um não saber e sim uma resistência positiva ante a possibilidade da existência de uma segunda autoridade psíquica ao lado do eu. Parece muito perigoso para o eu duvidar de sua monarquia. O homem religioso, no entanto, está acostumado com a ideia de não ser o único senhor em sua casa. Ele crê que quem decide em primeiro lugar é Deus, e não ele. Mas quantos ainda ousariam de fato entregar a decisão à vontade de Deus e quem não se sentiria perplexo ao ter que explicar até onde a decisão parte do próprio Deus?

563 O homem religioso, naquilo que a experiência nos permite constatar, encontra-se sob a influência direta de uma reação do inconsciente. Ele caracteriza esse fato, via de regra, como *consciência moral*. Mas visto que o mesmo fundo psíquico também pode provocar outras reações além das morais, o fiel mede sua "consciência moral" pelos parâmetros éticos tradicionais, isto é, por uma grandeza coletiva,

Presente e futuro

passando a ser sustentado de modo eficaz pela sua Igreja. Enquanto o indivíduo puder manter-se fiel à sua fé tradicional e às circunstâncias do momento não exigirem nenhuma acentuação mais forte da autonomia individual, é possível se contentar com esse estado de coisas. A situação, porém, modifica-se radicalmente quando o homem mundano, orientado para os fatores externos e já sem convicção religiosa, aparece massificado, como sucede hoje. O fiel atua na defensiva e deve justificar amplamente os fundamentos da sua fé, pois agora ele não é mais sustentado pela força violenta de sugestão da opinião geral, dado que a Igreja se vê enfraquecida e os seus pressupostos dogmáticos expostos. Diante dessa situação, ela lhe recomenda ainda mais fé como se esse dom da graça dependesse da vontade do homem. O lugar de origem de uma fé verdadeira não é a consciência e sim a experiência religiosa espontânea que estabelece um elo direto entre o sentimento da fé e sua relação com Deus.

Surge então a questão: será que realmente possuo uma experiência religiosa e uma relação direta com Deus e, consequentemente, a certeza necessária de que poderei me preservar, enquanto homem singular, de uma diluição na massa?

564


## 6. O autoconhecimento

Uma resposta positiva ao problema da experiência religiosa apenas pode-se oferecer se o homem estiver disposto a satisfazer as exigências de um exame e conhecimento rigoroso de si mesmo. Se assim fizer, não só descobrirá algumas verdades importantes sobre si mesmo, mas também obterá uma vantagem psicológica: terá conseguido julgar a si mesmo como pessoa digna de toda consideração e simpatia. Assim, ele, de certo modo, subscreverá para si uma declaração da dignidade do homem e dará, ao mesmo, um primeiro passo para a fundamentação de sua consciência, ou seja, para o inconsciente a única fonte existente da experiência religiosa. Mas isso não implica que aquilo que se chama inconsciente venha a ser idêntico a Deus ou a ocupar o lugar de Deus. O inconsciente é somente o meio do qual parece brotar a experiência religiosa. Tentar responder qual seria a causa mais remota desta experiência fugiria às possibilidades do conhecimento humano, pois o conhecimento de Deus é um problema transcendental.

565

**566**     O homem religioso desfruta de uma grande vantagem com relação à questão crucial de nosso tempo: ao menos, ele tem uma ideia clara de que sua existência subjetiva se funda na relação com "Deus". Coloco a palavra "Deus" entre aspas para ressaltar que se trata de uma representação antropomórfica cuja dinâmica e simbolismo são transmitidos por meio da psique inconsciente. Qualquer um pode, acreditando ou não em Deus, aproximar-se do lugar de origem dessa experiência. Sem esta aproximação, tal experiência pode se dar somente nos casos muito raros de uma conversão milagrosa que tem por modelo básico a vivência de Paulo em Damasco. Não é mais preciso provar que existem vivências religiosas. Contudo, sempre se poderá questionar se aquilo que a metafísica e a teologia humanas chamam de Deus constitui realmente a base dessas experiências. Esta questão, na verdade, é vã, pois a numinosidade subjetiva, poderosa e radical da vivência é por si só uma resposta. Quem teve essa vivência, fez a experiência de ser *tomado*, sendo por isso incapaz de tecer considerações de ordem metafísica ou epistemológica. Aquilo que tem o máximo grau de certeza é evidente em si mesmo e não necessita de provas antropomórficas.

**567**     No tocante ao preconceito e desconhecimento geral da psicologia, parece uma infelicidade que justamente a única vivência que funda a existência individual pareça ter sua origem num meio discriminado por um preconceito geral. Nasce assim a dúvida: "De Nazaré pode sair alguma coisa boa?" O inconsciente é visto como "simples natureza animal", quando não é considerado uma fossa abaixo da consciência. Na realidade, porém, ele é, por definição, algo de extensão e propriedade desconhecidas; por isso qualquer juízo de valor, negativo ou positivo, fica sem objeto e se desfaz como um preconceito. Em todo caso, esses julgamentos soam bastante estranhos na boca dos cristãos que viram seu Senhor nascer num estábulo entre os animais domésticos. Certamente ele teria satisfeito bem mais ao bom gosto se tivesse vindo ao mundo num templo. Da mesma maneira, o homem mundano massificado deposita suas esperanças de uma vivência numinosa na aglomeração de massas que representa um fundo bem mais imponente do que a alma humana individual. E os próprios cristãos orientados pela Igreja compartilham dessa ilusão tão funesta.

Presente e futuro 57

O significado atribuído pela psicologia aos processos inconscientes para a constituição da vivência religiosa é amplamente impopular tanto para a direita como para a esquerda. Para um, o decisivo é a revelação histórica vinda de fora do homem. Para o outro, isso é absurdo e o homem não tem uma função religiosa a não ser a crença na doutrina do partido que requer a máxima intensidade da fé. As diversas confissões afirmam coisas muito distintas, mas todas reivindicam para si a verdade absoluta. Entretanto, vivemos hoje em *um* único mundo e as distâncias não são mais medidas, como outrora, por semanas e meses, e sim por poucas horas. Os povos exóticos perderam sua estranheza, podendo ser vistos nos museus de história natural. Tomaram-se nossos vizinhos e o que, até então, constituía uma prerrogativa do etnólogo transformou-se em problema político, social e psicológico. As esferas ideológicas começam também a se interpenetrar e não está muito longe o tempo em que a questão do entendimento recíproco tornar-se-á aguda também nesse campo. Um entendimento recíproco, porém, não é possível sem uma compreensão penetrante e profunda do outro ponto de vista. A compreensão necessária para isso repercutirá em ambos os lados. A história, no entanto, certamente passará por cima daqueles que acreditam que a sua tarefa é levantar-se contra esse desenvolvimento inevitável, por mais que isso seja necessário e desejável, e se ater apenas ao que é bom e essencial da própria tradição. Apesar de todas as diferenças, a unidade da humanidade haverá de se impor de modo inexorável. A doutrina marxista já jogou essa cartada, enquanto o Ocidente democrático ainda acredita poder segui-la por meio da técnica e da ajuda econômica. O comunismo não esqueceu a enorme importância do elemento ideológico e da universalidade dos princípios fundamentais. Tanto os povos exóticos como nós compartilhamos do perigo de um enfraquecimento ideológico e, nesse aspecto, somos tão vulneráveis quanto eles. 568

O desprezo pelo fator psicológico há de se vingar ainda mais cruelmente. Por isso, já está mais do que na hora de compensar o nosso atraso. Mas parece que isso ainda continuará sendo entendido apenas como um desejo piegas, pois a urgência de autoconhecimento, além de ser extremamente impopular, parece um objetivo incomodamente idealista, cheira a moral e somente se ocupa da sombra psicológica da qual as pessoas evitam de falar, ou até preferem negá-la. A 569

58                                    Obra Completa — Vol. 10/1

tarefa que se impõe em nossa época deve ser qualificada de quase impossível. Ela apresenta fortes exigências de responsabilidade, caso
não venha a se transformar novamente numa *trahison des clercs* (trai-
ção do clero). Está dirigida sobretudo aos líderes e instâncias de influência que dispõem da necessária inteligência para compreender a
situação de nosso mundo. Assim se poderia esperar que consultassem
a sua consciência moral. Todavia, como não se trata de simples compreensão intelectual mas, sobretudo, de uma conclusão moral, não podemos ser muito otimistas. Como se sabe, a natureza não é tão pródiga
com seus dons a ponto de dar, por exemplo, a uma grande inteligência
também o dom do coração. Via de regra, quando um é dado, o outro
falta, quando uma faculdade se aperfeiçoa isso acontece, na maior parte das vezes, à custa de todas as outras. Um capítulo especialmente pe-
noso é precisamente a falta de integração entre sentimento e intelecto
que, na experiência, dificilmente se compatibilizam.

570        Não há sentido algum em formular a tarefa que se impõe à nossa
época e ao nosso mundo como uma espécie de exigência moral. Pode-se apenas, no melhor dos casos, tentar esclarecer a situação psicológica do mundo de maneira que também os míopes consigam vê-la e ex-
primi-la em determinadas palavras e conceitos audíveis mesmo para os
mais surdos. Devemos contar com a possibilidade de um entendimento e de uma boa vontade do homem e, desse modo, repetir sempre esses pensamentos e essas reflexões tão necessárias. Quem sabe se, por
fim, a verdade, e não apenas as mentiras, poderá se disseminar?

571        Com essas palavras, pretendo chamar a atenção de meus leitores
para a dificuldade fundamental: o terror que recentemente se abateu
sobre a humanidade, lançado pelos Estados ditatoriais, constitui o
ponto culminante de todas aquelas atrocidades cuja responsabilidade
recai sobre os nossos antepassados, num passado não muito remoto. A
começar pelas crueldades e carnificinas, tão frequentes na história europeia, perpetradas pelas nações cristãs, o europeu deve ainda responder por todos os crimes contra os povos de cor durante o período colonial. A esse respeito o homem branco carrega um enorme peso na
consciência. Dessa maneira um quadro sombrio do homem comum se
esboçou e não poderia ser mais negro. O mal que, de modo manifesto,
revela-se no homem e nele habita é incomensurável. E diante disso parece mesmo um eufemismo a Igreja falar de pecado original, pecado

da criação, nascido de um lapso relativamente inocente de Adão. O caso é bem mais sério e deveria ser considerado com toda gravidade.

Na opinião generalizada de que o homem é aquilo que a sua consciência conhece de si mesmo, diz-se subrrepticiamente que o homem é inocente, o que, na verdade, só acrescenta uma dose de ignorância à maldade dele presente. Não se pode negar que coisas terríveis aconteceram e ainda acontecem. Contudo, achamos que os responsáveis são sempre os outros, e como esses acontecimentos pertencem sempre a um passado, seja mais próximo ou mais distante, eles rapidamente acabam mergulhando no mar do esquecimento, num estado de espírito completamente ausente e crônico que chamamos de "estado normal". Na realidade, porém, nada desaparece definitivamente e nada pode ser reposto. O mal, a culpa, o medo profundo da consciência moral e as instituições sinistras estão aí para quem quiser ver. Foram homens que cometeram esses atos: eu sou um homem e, enquanto natureza humana, compartilho dessa culpa como também trago em minha própria essência a capacidade e a tendência de fazer, a cada momento, algo semelhante. Do ponto de vista jurídico, mesmo não estando presentes no momento do ato, nós somos, enquanto seres humanos, criminosos em potencial. Na realidade, só nos faltou a oportunidade adequada para nos lançarmos ao turbilhão infernal. Ninguém está fora da negra sombra coletiva da humanidade. Se o crime foi cometido por muitas gerações ou se apenas hoje é que se realiza, isso não altera o fato de que o crime é o sintoma de uma disposição preexistente em toda parte, de que realmente possuímos uma "imaginação para o mal". Apenas o imbecil pode desconsiderar durante todo o tempo as condições de sua própria natureza. Mas é justamente essa negligência que se revela o melhor meio para torná-lo um instrumento do mal. A inocuidade e a ingenuidade são atitudes tão inúteis quanto seria para um doente de cólera e seus vizinhos permanecerem inconscientes a respeito da natureza contagiosa da doença. Ao contrário, estas acabam levando à projeção do mal não percebido nos "outros". Isso só fortalece enormemente a posição contrária, pois, com a projeção do mal, nós deslocamos o medo e a irritação que sentimos em relação ao nosso próprio mal para o opositor, aumentando ainda mais o peso da sua ameaça. Além disso, a perda da possibilidade de compreensão também nos retira a capacidade de *li-*

572

*darmos com o mal.* Aqui nos vemos diante de um dos preconceitos básicos da tradição cristã e um grande obstáculo a nossa política. Segundo esse princípio, é preciso evitar o mal a todo custo e, se possível, jamais falar dele nem mencioná-lo. O mal é também o "desfavorável", o tabu e a instância do temor. O comportamento apotropeico na relação com o mal e na forma de se lidar com ele (mesmo que aparente) vem ao encontro da tendência característica do homem primitivo de evitar o mal, de não querer percebê-lo e de, se possível, afastá-lo para outras fronteiras, tal como o bode expiatório, no Antigo Testamento, usado para afastar o mal para o deserto.

573 Se entendemos, então, que o mal habita a natureza humana independentemente da nossa vontade e que ele não pode ser evitado, o mal entra na cena psicológica como o lado oposto e inevitável do bem. Essa compreensão nos leva de imediato ao dualismo que, de maneira inconsciente, encontra-se prefigurado na cisão política do mundo e na dissociação do homem moderno. O dualismo não advém da compreensão. Nós é que nos encontramos diante de um estado dissociado. Todavia, seria extremamente difícil pensar que teríamos de assumir pessoalmente essa culpa. Assim, preferimos localizar o mal em alguns criminosos isolados ou em um grupo, lavando as próprias mãos e ignorando a propensão geral para o mal. A inocência, porém, a longo prazo, não será capaz de se manter porque, como nos mostra a experiência, a origem do mal está no próprio homem e não constitui um princípio metafísico como supõe a visão cristã. Esta visão possui a enorme vantagem de retirar esta dura responsabilidade da consciência moral humana, deslocando-a para o diabo a partir do justo entendimento de que o homem é bem mais uma vítima da sua constituição psíquica do que o seu voluntário criador. Considerando que o mal de nossa época lança tudo o que já atormentou a humanidade num mar de sombras, torna-se, de fato, necessário levantar a questão de sua origem e de seu modo de ser na medida em que, mesmo nos progressos mais benéficos feitos pela aplicação do poder legal, da medicina e da técnica, os homens se valem de instrumentos de destruição impressionantes, capazes de culminar de uma hora para outra na sua destruição total.

574 Com isso não se quer dizer que os representantes da física moderna sejam todos uns criminosos uma vez que teriam possibilitado,

Presente e futuro

através de suas pesquisas, um fruto tão especial do engenho humano como a bomba de hidrogênio. Não se pode negar que o insumo de espírito e trabalho espiritual, exigido para construção da física nuclear, foi gasto por seres humanos que se dedicaram com o maior esforço e empenho à sua tarefa e que, no tocante ao seu empenho moral, também mereceriam ser os precursores de uma descoberta útil e benéfica para a humanidade. No entanto, devemos lembrar que, por mais que um passo no caminho de uma descoberta importante comporte uma decisão consciente da vontade, a percepção espontânea, a intuição, desempenha um papel decisivo. Em outras palavras, o inconsciente participa do trabalho, contribuindo muitas vezes de maneira fundamental. Não é apenas o esforço consciente que é responsável pelo resultado, pois, sempre em algum momento, o inconsciente se mistura com seus objetivos e intenções escusas. Se dispuser de uma arma na mão, a utilizará para um ato de violência qualquer. O conhecimento da verdade é a intenção mais elevada da ciência e considera-se mais uma fatalidade do que intenção se, na procura da luz, provocar algum perigo ou ameaça. Não é que o homem de hoje seja mais capaz de cometer maldades do que os antigos ou os primitivos. A diferença reside apenas no fato de hoje ele possuir em suas mãos meios incomparavelmente mais poderosos para afirmar a sua maldade. Embora sua consciência se tenha ampliado e diferenciado, sua qualidade moral ficou para trás, não acompanhando o passo. Esse é o grande problema com que nos defrontamos. Somente a razão não chega mais a ser suficiente.

Certamente estaria ao alcance do homem abandonar experimentos de tão grande periculosidade como a fissão nuclear. Contudo, o medo do mal que nele se encontra é tão grande que ele o projeta para o próximo e abdica dessa possibilidade mesmo sabendo que o emprego dessas armas pode significar o fim do nosso mundo. O medo de uma destruição planetária poderia nos salvar do pior, mas essa ameaça continuará pairando como uma nuvem sinistra sobre a nossa existência, caso não encontremos uma ponte capaz de superar a cisão psíquica e política do mundo; ponte essa que deve ser tão segura quanto a existência da bomba atômica. Se adquiríssemos uma consciência igualmente planetária de que toda separação repousa sobre a cisão psíquica entre os opostos, então teríamos descoberto um ponto de apoio. Se, porém, os impulsos tão pequenos e pessoais da psique individual continuarem a não receber nenhuma importância, como foi o caso até hoje, eles se aglutinarão, numa escala incomensurável, nas associações de poder e movimentos de massa que fogem a qualquer controle racional e, por melhor que seja a tentativa de controle, jamais poderão resultar em boa coisa. Todos os esforços diretos nesse sentido não passam de espalhafato em que os seus gladiadores encontram-se possuídos pela ilusão.

576 O decisivo é o próprio homem que, no entanto, não possui uma resposta para o seu dualismo. Essc abismo apareceu, na verdade, quasc que de súbito com os recentes acontecimentos da história mundial, pois a humanidade viveu, durante séculos, num estado espiritual que pressupunha como evidente e inquestionável que Deus havia criado o homem à sua imagem e semelhança, só que numa unidade menor. De fato, quase não se tem consciência de que cada indivíduo significa uma pedra na estrutura dos organismos políticos mundiais e que, por conseguinte, participa como coautor de seus conflitos. O homem se vê a si mesmo, por um lado, como uma essência relativamente sem importância e uma vítima de poderes incontroláveis mas, por outro, carrega dentro de si uma sombra perigosa que o torna um cúmplice invisível do sinistro exercício de poder do monstro político. Ele pertence à essência dos corpos políticos, na medida em que só consegue ver o mal no outro assim como o indivíduo singular tem a tendência quase irremovível de se livrar de tudo aquilo que não sabe e não quer saber sobre si, projetando-o no outro.

577 Para a sociedade, nada é mais alienante e devastador do que esse comodismo e essa irresponsabilidade moral e, por outro lado, nada é mais provocante para a compreensão e a aproximação do que o abandono das projeções. Essa correção tão necessária requer autocrítica, uma vez que não se pode obrigar a alguém a entender suas projeções. Ele não as reconhece como tais nem compreende como se pode fazê-las. Reconhecer o preconceito e a ilusão como tais somente é possível quando se está disposto a partir de um conhecimento psicológico geral, duvidar da certeza incondicional de suas pressuposições e compará-las, de modo cuidadoso e penetrante, com os fatos objetivos. É interessante que o conceito de "autocrítica" é muito utilizado também pelos Estados marxistas, embora não no sentido que lhe damos de uma oposição à razão do Estado. Nesses Estados, a autocrítica deve ser-

Presente e futuro

vi-los e não à verdade e à justiça no trato entre os homens. A massificação não tem absolutamente a intenção de promover a compreensão e a relação entre os homens. É orientada para a atomização, isto é, para o isolamento psíquico do indivíduo. Quanto menos interligados os indivíduos, mais sólida a organização estatal e vice-versa.

Não há dúvida alguma de que também no mundo democrático a distância entre homem e homem é bem maior do que se poderia desejar do mesmo modo que bem-estar público está distante das necessidades espirituais. Na verdade, existem muitos esforços no sentido de superar as oposições públicas e privadas, realizados pelo empenho idealista de alguns indivíduos isolados através do apelo ao idealismo, ao entusiasmo e à consciência ética e moral. No entanto, esses esforços não valorizam a autocrítica tão necessária quando se esquecem de perguntar quem estabelece a exigência idealista. Não é aquele que salta sobre a sua sombra para se precipitar com avidez sobre um programa idealista de modo a encontrar aí um bom álibi para a sua própria sombra? Quanta respeitabilidade e aparente moralidade tecem um manto de ilusão para esconder um mundo interior bem diferente e obscuro? Sendo assim, antes de qualquer coisa, importa saber ao certo se aquele que fala de ideais é ele mesmo ideal, a fim de que seus atos e palavras sejam mais do que parecem. O ideal, porém, é impossível, tornando-se portanto um postulado não realizado. Ademais, podemos em geral contar com um faro refinado e perceber que a grande maioria dos idealismos pregados com alarde soam como coisa vazia e só podem ser aceitos quando capazes de confessar o seu contrário. Sem esse equilíbrio, o idealismo transcende o alcance do homem que se vê incrédulo ante a sua falta de humor e seus blefes, mesmo quando feitos com a melhor das intenções. Blefar com outra coisa significa uma violação ilegítima e uma opressão que nunca podem trazer bons resultados.

O reconhecimento das sombras conduz à modéstia fundamental de que precisamos para admitir imperfeições. Esse reconhecimento e constatação conscientes devem sempre acompanhar as relações humanas. Estas não repousam sobre a diferenciação e a perfeição, pois apenas ressaltam as diferenças ou trazem à tona exatamente o oposto; ela se baseia sobretudo nas imperfeições, naquilo que é fraco, desamparado e necessita de ajuda e apoio. O que é perfeito não necessita dos outros. Já o fraco se comporta diferentemente, buscando apoio no outro e, por isso, não se contrapõe ao parceiro nada que o coloque numa situação inferior ou mesmo que o humilhe. Tal humilhação só pode acontecer facilmente quando num idealismo desempenha um papel por demais eminente.

580 Esse tipo de reflexão não deve ser considerado um sentimentalismo superficial. A questão das relações humanas e da conexão interior é urgente em nossa sociedade, dada a atomização dos homens, que se amontoam uns sobre os outros e cujas relações pessoais se movem na desconfiança disseminada. Onde a insegurança jurídica, a espionagem policial e o terror estão ativos e operantes, os homens buscam inclusive o isolamento que, por sua vez, é o objetivo e a intenção do Estado ditatorial, fundado sobre a aglomeração do maior número possível de unidades sociais impotentes. Diante desse perigo, a sociedade livre precisa encontrar um elo de natureza afetiva, um princípio como, por exemplo, o da caridade que representa o amor cristão ao próximo. A falta de compreensão gerada pelas projeções compromete justamente o amor pelos outros homens. Sendo assim, o mais alto interesse da sociedade livre deveria ser a questão das relações humanas, do ponto de vista da compreensão psicológica, uma vez que sua conexão própria e sua força nela repousam. Onde acaba o amor, têm início o poder, a violência e o terror.

581 Não pretendemos aqui apelar para o idealismo mas somente transmitir uma consciência da situação psicológica. Não sei o que é mais fraco, se o idealismo ou a compreensão popular; sei apenas que é necessário sobretudo tempo para que possam nascer transformações psíquicas de alguma consistência. Por isso uma compreensão que surge paulatinamente parece-me ser de maior eficácia do que um idealismo momentâneo que não chega a durar e a repercutir mais profundamente.

## 7. O sentido do autoconhecimento

582 O que nossa época vê como sombra e inferioridade da psique humana contém mais do que algo puramente negativo. Já o simples fato de que através do autoconhecimento, através da investigação da pró-

pria alma, nós nos deparamos com os instintos e seu mundo de imagens, pode constituir um passo no sentido de esclarecer as forças adormecidas de nossa psique que, embora presentes, passam quase desapercebidas. Trata-se de possibilidades de intensa dinâmica, e a questão se a irrupção dessas forças e visões a elas relacionadas conduz a uma construção ou a uma catástrofe depende apenas do preparo e da atitude da consciência. O médico parece ser o único a saber, pela sua experiência, como o preparo psíquico do homem moderno é precário, pois ele é o único que se vê obrigado a buscar, na natureza do homem singular, todas as forças e ideias que possam servir de ajuda para atravessar a obscuridade e o perigo. Esse trabalho paciente não pode se valer das fórmulas convencionais "teria que", "deveria", pois com isso ele depositaria em outras instâncias o esforço exigido, contentando-se com o trabalho fácil da repetição. Todos sabemos como a pregação do desejável é inútil, e como a ausência de parâmetros e a forte exigência a ser cumprida acabam fazendo com que se prefira repetir velhos erros a quebrar a cabeça com um problema de ordem subjetiva. Além disso, trata-se sempre de um só indivíduo e não de um milhão, o que talvez valesse o esforço, apesar de se saber que, sem a transformação do indivíduo, nada pode acontecer.

Na verdade, um efeito sobre todos os indivíduos pode não se dar nem mesmo daqui a centenas de anos. A transformação espiritual da humanidade ocorre de maneira vagarosa e imperceptível, através de passos mínimos no decorrer de milênios, e não é acelerada ou retardada por nenhum tipo de processo racional de reflexão e, muito menos, efetivada numa mesma geração. Todavia, o que está a nosso alcance é a transformação dos indivíduos singulares, os quais dispõem da possibilidade de influenciar outros indivíduos igualmente sensatos de seu meio mais próximo e, às vezes, do meio mais distante. Não me refiro aqui a uma persuasão ou pregação, mas apenas ao fato da experiência de que aquele que alcançou uma compreensão de suas próprias ações e, desse modo, teve acesso ao inconsciente, exerce, mesmo sem querer, uma influência sobre o seu meio. O aprofundamento e ampliação da consciência produz os efeitos que os primitivos chamam de "mana". O mana é uma influência involuntária sobre o inconsciente de outros, uma espécie de prestígio inconsciente, e seu efeito dura enquanto não for perturbado pela intenção consciente.

**584**     O esforço de autoconhecimento tem também perspectivas de êxito, pois existe um fator que, embora completamente desconsiderado, satisfaz nossas expectativas. É o *espírito inconsciente da época*. Este compensa a atitude da consciência e, ao mesmo tempo, antecipa, de modo intuitivo, as modificações futuras. A arte moderna nos oferece, nesse aspecto, um bom exemplo. Sob a aparência de um problema estético, ela realiza um trabalho de educação psicológica do público através da destruição e dissolução da visão estética do conceito do belo formal, dos sentidos e conteúdos até então vigentes. O prazer evocado pela imagem artística é substituído pelas frias abstrações de natureza subjetiva que batem bruscamente a porta ante a fruição ingênua e romântica dos sentidos ante o amor obrigatório pelo objeto. Com isso fica bastante claro e evidente como o espírito profético da arte se afastou da referência com o objeto e se dirigiu para o caos obscuro dos pressupostos subjetivos. Na verdade, na medida em que podemos avaliar, a arte, até agora, ainda não revelou, sob o manto da obscuridade, aquilo que une todos os homens e poderia exprimir sua totalidade psíquica. Uma vez que, para esse propósito, a reflexão parece ser indispensável, é possível que essas descobertas pertençam a outros campos da experiência.

**585**     A obra de arte sempre encontrou sua origem no mito, no processo simbólico inconsciente que se desenvolve através das eras e se torna a raiz de toda criação futura, enquanto manifestação mais originária do espírito humano. O desenvolvimento da arte moderna com sua tendência aparentemente niilista de dissolução deve ser entendido como sintoma e símbolo de um espírito universal de decadência e de renovação do nosso tempo. Esse espírito se manifesta em todos os campos, tanto político como social e filosófico. Vivemos no *kairós* da "transfiguração dos deuses", dos princípios e símbolos fundamentais. Essa preocupação do nosso tempo, que não foi conscientemente escolhida por nós, constitui a expressão do homem inconsciente em sua transformação interior. As gerações futuras deverão prestar contas dessa modificação e de suas graves consequências, caso a humanidade queira se salvar da autodestruição ameaçadora de seu poder, técnica e ciência.

**586**     Como no começo da era cristã, coloca-se novamente o problema do atraso moral da humanidade em geral que se mostra hoje inadequada diante do desenvolvimento científico, técnico e social. Muita coisa está em jogo e agora muito depende manifestamente da qualidade psíquica do homem. Será que ele está a ponto de sucumbir à tentação de usar seu poder para encenar um fim do mundo? Terá ele consciência do caminho em que se encontra e das consequências que podem decorrer tanto da situação mundial como de sua própria situação psíquica? Sabe ele que se encontra na iminência de perder por completo o mito vital da interioridade do homem que o cristianismo lhe preservou? Consegue ele imaginar o que o espera caso essas catástrofes ocorram? Será que ele realmente sabe que tudo isso significaria uma catástrofe? E, por fim, será que ele se conscientizará de que é *ele* o fiel da balança?

Felicidade e contentamento, equilíbrio psíquico e sentido da vida são experiências exclusivas do indivíduo, impossíveis de serem vividas pelo Estado que, de um lado, é em si apenas uma convenção entre indivíduos autônomos e, de outro, traz consigo a ameaça de se tornar onipotente e oprimir o homem singular. O médico pertence àqueles que conhecem as condições do bem-estar psíquico, do qual tanta coisa depende no cômputo social. As condições sociais e políticas presentes possuem, de certo, uma importância a ser considerada mas não superestimada enquanto fatores únicos decisivos para a felicidade ou infelicidade do indivíduo. Todas as metas nesse sentido cometem um erro ao desconsiderar a psicologia do homem, para o qual na verdade deveriam ser dirigidas, e muitas vezes, promovem apenas as suas ilusões. 587

Que seja permitido, portanto, a um médico que se ocupou durante toda a sua vida com as causas e as consequências dos distúrbios psíquicos, externar modestamente sua opinião pessoal acerca das questões que se levantam com a situação mundial de hoje. O que move meu empenho não é um otimismo exagerado nem o encantamento dos grandes ideais. Minha preocupação visa apenas ao destino, ao bem e ao mal que podem recair sobre o indivíduo singular, essa unidade infinitesimal de quem depende um mundo, a essência individual, na qual – se percebermos corretamente o sentido da mensagem cristã – o próprio Deus busca a sua finalidade. 588

# Índice onomástico*

Adler, A. 556
Agostinho, S. 555
Augusto, C. 488

Freud 530, 556

Inácio de Loiola 522

Jung, C.G. 547[3]

Luís XIV 500

Paulo (apóstolo) 536, 566
Pedro (apóstolo) 536
Pilatos, Pôncio 551

---

* Os números referem-se aos parágrafos.

# Índice analítico\*

Adão 571
Alemães 523
Alma (v. psique) 536
América do Norte 523
Amor 580
- caridade 580
- ao próximo 580
Antigos, antiguidade 550
Antropologia 495
Arquétipo, arquetípico 530, 540, 547
Arte 584
Ateísmo 510
Atos dos Apóstolos 544
Autoconhecimento 491, 525, 565-588
Autocrítica 578

Bem 559, 573
Biologia, biológico 548
Bomba de hidrogênio 574
Budismo 507

Caos 584
Capitalismo 544

Cérebro 527
César 514
Ciência 543, 574, 585
Científica 498, 523, 555, 559
Cisão 546, 575
*Civitas Dei* 522
Coletivo, coletividade (v. massa) 490, 507, 512, 516, 523, 529, 562
Colonial 571
Comunismo, comunista 516, 523, 544, 559, 568
- primitivo 504
Concupiscência 555
Confissão 507, 513, 523, 529, 533, 550, 568
- por oposição à religião 507
Conflito 546
Consciência 534
- consciente 491, 509, 512, 519, 528, 540, 545, 552, 555, 557, 563, 572, 574, 581
- conteúdos da 562
- e inconsciente 546, 555
Consciência moral 563, 569, 573

---

\* Os números referem-se aos parágrafos. Os números em índice referem-se às respectivas notas.

Conversão 566
Cortina de ferro 488, 517
Cosmo, cósmico 528, 540
Cosmovisão, *Weltanschauung* 498,
523, 527, 549-564, 573
Criança 546
Cristianismo, cristão 488, 507,
516, 521, 529, 542, 554, 567,
573, 586 Cristo 533, 536
- ressurreição de 521, 551
- paixão de 543
- como homem 551
Culpa 572
Cultura 558

Democrático 568, 578
Demônios 512
Desejo 490, 538
Destino 514, 533, 551
Deus, deuses, divino 507, 513,
522, 529, 544, 554, 563, 585
- experiência de 565
- e homem 507, 511, 520, 536,
562, 576
- e mundo 510
Diabo 573
Dinâmica, dinâmicos 547, 556,
560, 582
Direito romano 517
Dissociação 540, 544, 552, 573
Ditadura, ditatorial 510, 541, 571,
580
Doença, doentes 532, 555
Doença mental 490
Doutrina do partido 568
Dualismo 573, 576

Educação 489, 498, 523, 549
Emoção 562
Encarnação 529
Escravo, escravidão 500, 539
Espírito 584
- e natureza 558
Estado 488, 499, 539, 544, 554,
577, 587
Estatístico 494, 501, 506, 523, 537
Ético, ética (v. moral) 507, 515,
517
Eu 491, 509, 562
- consciência do 491, 500, 541
Europa, europeus 523, 571

Fanatismo 511, 519
Fantasia(s) 545, 562
- infantil 546
- pervertida 547
Fé 509, 516, 520, 524, 543, 554,
563
- e saber 551, 558
- profissão de 511
Filosofia, filósofo 520, 528, 550,
560
Física, físico 498, 574
Física nuclear 574
Fissão nuclear 575

Geocentrismo 527

Heresia 529
Homem 510, 511, 525, 529, 549
- interioridade 537, 561, 586

- moderno 540, 550, 557, 561, 573, 582
- e natureza 562
- como unidade social 501
- direito do 517
Homo sapiens 548
Hungria 518[2]

Idade Média 540, 550
Idealismo 578
Ideológico 568
Igreja(s) 512, 521, 536, 543, 554, 563, 571
Iluminismo, iluminista 514
Imagem do mundo 498, 527, 551
Imanente 513
Imortalidade 502, 521
Impulso 534, 540, 556
Inconsciência 493, 544
Inconsciente 490, 500, 527, 541, 544, 555, 557, 561, 573, 583
Individuação 529
Indivíduo 488-504, 515, 523, 525-546, 555, 558, 563, 583
- e coletividade/massa 504, 535, 553, 564
Infantil 538
Instinto, instintivo 530, 540, 544, 556, 582
Intelectual 550, 569
Irracionalidade 521
Islamismo 507
Iúca 547

Judaísmo 507
Judeu 507

Judeu-cristã, ética 517

Kairós 585

Liberdade 522
Lógos 554

Macaco desenvolvido 556
Macrocosmo 540
Magia 512
Mal 513, 559, 572, 576
Mana 583
Marxismo, marxista 520, 549, 568, 577
Massa 489, 499, 510, 518, 536, 541, 558, 563, 567, 575
Massificação (v. massa) 505-516, 575
Materialismo 510, 520, 522
Medicina 498
Medo 530
Meio ambiente 533, 540
Mentira 554
Metafísica, metafísico 507, 515, 533, 566, 573
Microcosmo 542, 553
Missionário 518
Mito, mitos, mítico 542, 551, 585
Mitologia, mitológico 521, 527
Moral 499, 507, 511, 534, 555, 570, 577, 586
Mundo 507, 520, 543

Nação 523
Nacionalismo, nacionalista 517, 523

Natureza 510, 527
Nazismo 559
Neurose, neurótico 545, 552
Novo Testamento 510, 520
Numinoso 541, 567

- funções da 561
Psíquico 512, 520, 557, 559, 561, 582
- funções 556
- físico 505

Ocultismo 530
Oriente e Ocidente 517-524

Quiliástico 488, 535
Quinta-coluna 518

Paraíso 513
Parapsicologia, parapsicológico 527
Páscoa 521
Pecado original 571
Pietismo 508
Pístis 521
Poder, complexo de 500, 538, 556, 580
Político, política 499, 515, 520, 523, 524, 543, 554, 558, 559, 568, 576, 587
Polônia 518[2]
Possessão 490
Primitivo 572, 583
Projeção 572, 577, 580
Protestantismo 508, 516
Psicanálise 530
Psicologia, psicológico 495, 499, 509, 512, 527, 544, 549-564, 567, 573, 577
- de massa 536
- médica 532, 556
- e ciência, científica 531, 562
Psicoterapia 497
Psique 498, 526, 529, 534, 540, 544, 547, 559, 561, 566, 575

Racionalismo, racionalista 501, 514, 549, 559
Razão 489-490, 521, 530, 548, 575
Realização do si-mesmo 529
Rebelião 500
Redenção 507, 513, 543
Religião, religioso 505-524, 529, 542, 551, 559, 563
Renascimento 536
Repressão 540, 545
Revelação 529, 568
Rito 513, 550
Rússia 514[1], 517

Sectarismo 508
Sentimento 562, 569
Ser 528
Sexualidade, sexual 530, 555
Símbolo, simbolismo 521, 529, 533, 541, 551, 585
Sociedade 488-504, 535, 553, 577
Social 492, 499, 505, 509, 511, 536, 544, 553, 558, 568, 580, 585
Sombras 544, 558, 569, 576, 582
Sonho(s) 562
Superstição 543

Técnica 543, 587

Tempo
- e espaço 527
- espírito do 545, 584

Terreno 513

Tirania (v. ditadura) 489, 518, 539

Totalidade 584

Transcendental 565

Transcendente 509, 513

Transformação 537

Utopia 517, 535

Vida 499
- depois da morte (v. imortalidade) 521

Vontade 548, 565

# REFLEXÕES JUNGUIANAS

*Corpo e individuação*
Elisabeth Zimmermann (org.)

*As emoções no processo psicoterapêutico*
Rafael López-Pedraza

*O feminino nos contos de fadas*
Marie-Louise von Franz

*Introdução à psicologia de C.G. Jung*
Wolfgang Roth

*O irmão – Psicologia do arquétipo fraterno*
Gustavo Barcellos

*A mitopoese da psique – Mito e individuação*
Walter Boechat

*Paranoia*
James Hillmann

*Puer-senex – Dinâmicas relacionais*
Dulcinéa da Mata Ribeiro Monteiro (org.)

*Re-vendo a psicologia*
James Hillmann

*Suicídio e alma*
James Hillmann

*Sobre eros e psique*
Rafael López-Pedraza

*Sonhos – A linguagem enigmática do inconsciente*
Verena Kast

*Viver a vida não vivida*
Robert A. Johnson, Jerry M. Ruhl

Conecte-se conosco:

**f** facebook.com/editoravozes

⊙ @editoravozes

𝕏 @editora_vozes

▶ youtube.com/editoravozes

🟢 +55 24 2233-9033

www.vozes.com.br

Conheça nossas lojas:

www.livrariavozes.com.br

Belo Horizonte – Brasília – Campinas – Cuiabá – Curitiba
Fortaleza – Juiz de Fora – Petrópolis – Recife – São Paulo

**EDITORA VOZES LTDA.**
Rua Frei Luís, 100 – Centro – Cep 25689-900 – Petrópolis, RJ
Tel.: (24) 2233-9000 – E-mail: vendas@vozes.com.br